Les Lettres de
CLOTILDE

Les Lettres de
CLOTILDE

Sa vie à Paris, 1891–1942

Lydie Haenlin

The Cricket Publisher of Aurora

Aurora, New York

Published by
The Cricket Publisher of Aurora
261 Main Street, Aurora, NY 13026

Photo de couverture : *Jour de pluie à Paris,* 1934, Brassaï

ISBN-10: 1-7923-2397-2
ISBN 13: 978-1-7923-2397-3

à Mireille
qui partage l'amour de Clotilde pour les arts
et les tissus

Table des matières

Introduction

DEPUIS ma plus tendre enfance, le prénom Clotilde est synonyme de charme, d'élégance, de multiples talents et surtout de bienveillance. La femme qui portait ce nom fut celle qui guida et inspira ma mère, sa nièce. Ce fut l'artiste qui lui donna le respect de l'art, le désir du beau, la joie de peindre. Ce fut la couturière qui lui transmit son amour de la mode et du tissu.

C'est elle aussi qui renforça chez sa nièce le désir de « mener sa barque, » de ne pas compter sur d'autres pour atteindre les buts qu'elle se donnait. Pour nous toutes, elle était la femme forte et douce à la fois, la femme aimante et aimée, la femme que nous voulions être.

Grace à un cahier de brouillon, des lettres, des cartes postales et quelques objets conservés par ma mère, ainsi que des recherches généalogiques, j'ai découvert des faits qui nous éclairent sur les origines et le destin de cette Clotilde tant aimée.

Née en 1872, à Paris, rue du Faubourg Saint Antoine, elle mena une vie active dans les domaines du dessin, de la mode et de la musique classique. Un destin inattendu dans le milieu des artisans et des fonctionnaires dont elle est issue. En effet, les Loeven, ébénistes d'origine néerlandaise, étaient installés depuis quatre générations dans ce quartier populaire. Suite au déclin de l'ébénisterie, ils se tournèrent vers la facture de piano en 1850, puis quittèrent leur atelier du Faubourg pour rejoindre la compagnie Erard, rue de Flandre, après la guerre franco-prussienne de 1870.

Il convient d'ajouter que l'arrière grand-père, Jean-Louis, Juif néerlandais de par son père, épousa la fille d'un confrère parisien et catholique vers 1769, peu de temps après son arrivée. Il sut s'intégrer rapidement dans ce faubourg renommé. Ses descendants ont, en grande partie, épousé des Françaises catholiques. La plupart de ces femmes, nées en province (Orléanais, Touraine, Nord Pas-de-Calais), furent élevées à Paris où leurs parents s'étaient installés en tant qu'artisans et commerçants. Le père de Clotilde prit un autre chemin. Son épouse appartenait à la petite noblesse de l'Artois et au milieu de l'administration provinciale, financière et militaire. De plus, les mouvements philosophiques du siècle influencèrent durablement les pensées et le mode de vie de ces Artésiens. Ceci nous éclaire sur les choix qui ont façonné le destin de Clotilde nichée au cœur d'une famille étendue et aux relations sociales quelque peu surprenantes.

Tous les enfants Loeven allèrent à l'école pour apprendre à lire et à écrire bien avant la loi de 1881. Dès l'âge de 13 ans, les garçons apprirent le métier de leur père, et les filles celui de leur mère. Clotilde et son frère, Edouard, suivirent le même chemin : Edouard devint ébéniste et sculpteur sur bois tout comme son père, Jean-Baptiste Loeven. Clotilde apprit à coudre aux côtés de sa mère, Maria, mais elle ne se borna pas à cette activité par trop limitée.

Ces lettres dévoilent trois périodes de la vie de Clotilde : la jeune fille pleine d'attentes, l'adulte libre et déterminée, la femme âgée et judicieuse. Elles sont adressées à Eugénie, sa meilleure amie; à son cousin, Auguste et aux parents de celui-ci ; à son grand-oncle Louis Rouyer ; à un ami et mentor, Alfred de Berlantier ; puis à son amant Jean-Louis Leroy ; à sa belle-sœur Angèle et à sa nièce, Jacqueline ; enfin à Louis Renault, un ami de longue date.

Ces lettres nous permettent de comprendre ses pensées et attentes, ainsi que ce qui l'entoure. Elles nous dévoilent la vie de cette jeune femme à la fois sentimentale et indépendante, ainsi que son point de vue concernant les grands événements de son temps, le rôle des femmes, et les limites qui leur étaient imposées. Elles révèlent ce dont la femme vieillissante bénéficia, et ce qui donna du sens à son destin peu commun, mais aussi ce qui lui manqua.

Les quelques photographies, soigneusement sauvegardées par sa nièce, illustrent le charme et la personnalité de cette femme attachante.

Les nombreuses cartes postales envoyées à Jacqueline – laquelle les collectionna assidûment selon la mode si répandue en France entre les deux guerres – démontrent le profond désir de Clotilde de satisfaire les intérêts de sa nièce, mais aussi de la guider, de participer activement à son éducation.

Arbre des membres de la famille Guyot, cités dans les lettres de Clotilde

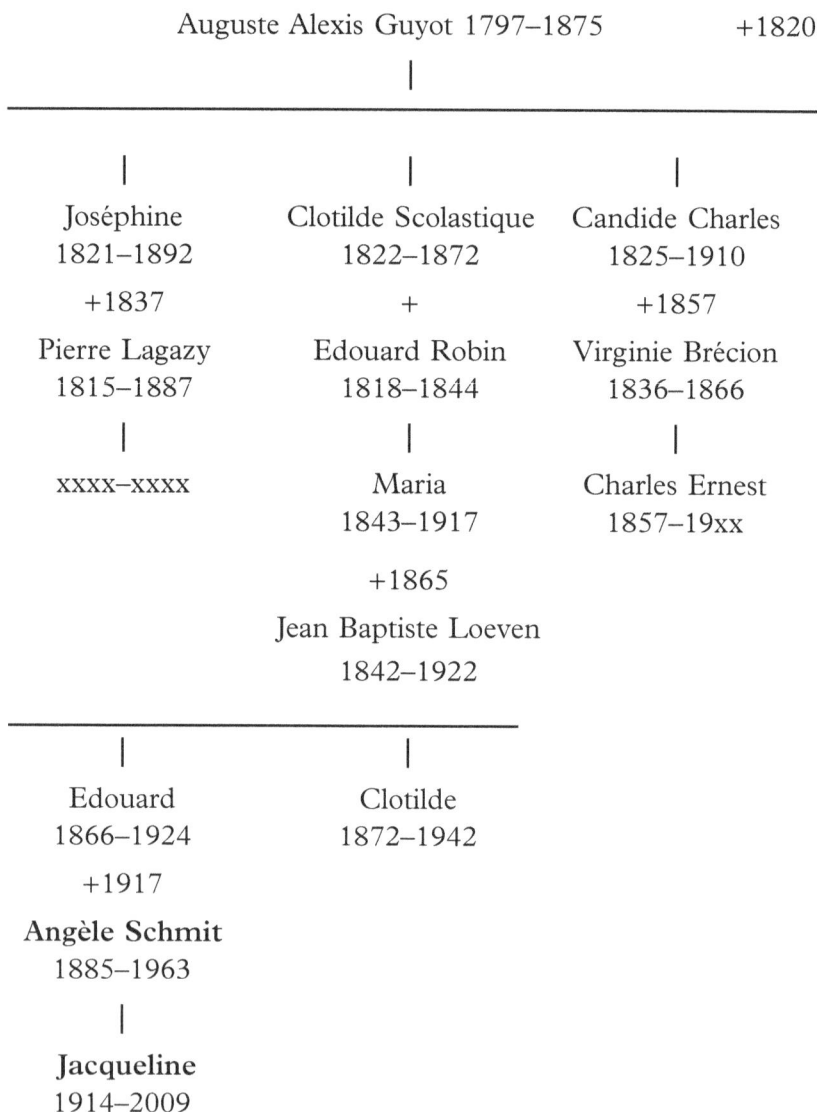

Auguste Alexis Guyot 1797–1875   +1820

|

Joséphine	Clotilde Scolastique	Candide Charles
1821–1892	1822–1872	1825–1910
+1837	+	+1857
Pierre Lagazy	Edouard Robin	Virginie Brécion
1815–1887	1818–1844	1836–1866
xxxx–xxxx	Maria	Charles Ernest
	1843–1917	1857–19xx
	+1865	
	Jean Baptiste Loeven	
	1842–1922	

Edouard	Clotilde
1866–1924	1872–1942
+1917	
Angèle Schmit	
1885–1963	
Jacqueline	
1914–2009	

+ suivi d'une date indique un mariage

Les lettres de Clotilde sont adressées aux personnes dont les noms sont en gras

Bénédicte Ansart de Bofle et de Marcon 1797–1881

|

| |
Jeanne Émilie   Sara Caroline
1829–1886   1830–1893

+1848   +   +1869

Louis Cousin   inconnu   Jules Boucher d'Argis
181x–1859   18xx–1848   1814–1882

| | |
Candide   **Alexandre**   Alphonse Jules 1856–1932
1848–1907   1848–1920   Jules Charles 1861–1929

               +1876   Henri Gaspard 1864–1896

+1859   **Rose Lacaille** Paul Louis 1871–1915
Ernest Delalleau 1836–1928
1836–1928

|
        Auguste Emmanuel Guyot
+1865   1875–1941

Louis Rouyer   +1916   +1938
1819–1905 Marie Delpierre Madeleine Michot
           1887–1968   1895–197X

|
                Robert
             1931–1996

+ sans date indique une relation non reconnue officiellement

Clotilde à 20 ans, sur la photographie offerte par son oncle.

Chapitre I
Construire une vie

Mon Eugénie,

Je suis heureuse d'apprendre par ta grand-mère que votre installation à Arras s'est faite sans difficulté et que vous appréciez votre belle maison de ville – un grand pas est franchi. Mais comme c'est étrange de me trouver si loin de toi ! Comme nos conversations me manquent ! Il faut donc recourir à nos plumes. J'espère que tu partageras avec moi cette urgence à écrire et, qui sait, un vrai plaisir à me lire…

Quelles sont les nouvelles depuis ton départ lundi dernier ? De mon côté, fort peu et surtout sans grand intérêt. Cependant une question de Maman ce matin (« qui sait ce qui nous attend ? ») a ravivé ce dont nous parlions tant ces derniers mois : nos choix d'un métier, d'un époux…

Oui, nos choix. En fait, avons-nous des choix ? Pouvons-nous de quelque manière influencer notre destin ? Je suis loin d'en être certaine. Ainsi, j'entends encore ta voix, au cours de notre repas d'adieu, quand tu as dit à tes parents : « C'est bien joli tout cela, mais quel avenir m'attend maintenant que nous allons quitter Paris pour la province ? » Tu avais vraiment un air des plus mélancoliques ! Et le gentil sourire de ton père ne sembla pas te rassurer; ni sa réponse vague et attendue : « Nous avons le temps de penser à cela; pour l'instant, il faudra nouer des relations, s'habituer à une nouvelle vie. » Peu lui importe tes désirs, tes aspirations, tes besoins; l'essentiel, pour lui, c'est évidemment de te marier à quelque notable.

Oh, mon Amie, je comprends que tu sois inquiète, car on attend de toi que tu t'engages, en fille docile, dans les sentiers battus; que tu deviennes une épouse soumise et prévenante.

3

Mais alors, qu'adviendra-t-il de ton art, du plaisir, de la joie que tu trouves dans le chant ?

Nos parents nous aiment et veulent ce qu'ils appellent « notre bonheur, » mais ils ne mettent jamais en doute la légitimité de leurs choix en ce qui nous concerne. Nous sommes à leur merci et ne pouvons échapper à leur besoin de nous tenir en laisse, malgré notre éducation et nos talents. Et cela afin que nous occupions la place que nous impose cette société si traditionnelle et ô combien patriarcale ! Ici, je pense surtout à toi, car ma mère est sans doute plus accommodante que ton père. Il faut dire qu'elle vient d'une famille plutôt rebelle et qu'elle est assez à l'écoute de ceux qui l'entourent; ce qui est une aubaine pour Edouard et pour moi. Je crois donc être un peu « entendue »; ce qui n'est pas ton cas, hélas !

Mais il ne faut surtout pas abandonner ton rêve ! Oui, il faut absolument continuer de chanter. Tu es si douée; ta voix de soprano est tout simplement ravissante ! Ta maman partage mon admiration pour tes talents, donc elle te soutiendra sans aucun doute quand tu demanderas à travailler avec un bon professeur. Il doit bien y en avoir à Arras. Et je crois que le conservatoire de Lille est très réputé. On t'y accepterait sûrement; il suffit de t'entendre… Souvent je t'imagine sur scène, soprano éblouissante que j'accompagne à la harpe ! Oui, tu seras à n'en pas douter la prochaine Emma Calvé ou, si tu préfères, Rose Caron !

J'exagère peut-être un peu, mais il est bon de voir grand, de ne pas se contenter de ce qui est à portée de main, comme disait Sœur Pauline – je pense bien souvent à elle… Oh, mon Eugénie, comme ces années d'études et de réflexions nous ont marquées; comme tout cela me manque, après deux longues années de tâtonnements, d'incertitudes dans nos milieux par trop sectaires et immuables !

Mais revenons à ton avenir de soprano car je viens de penser à une possibilité : en effet, c'est une chance que tu sois à Arras, car mes cousins, les Ansart (de Bofle et de Marcon) ont leurs entrées partout, et dans le monde des arts en particulier. Ils seraient sûrement heureux de te recommander à un maître de chapelle ou autre. On sait qu'une recommandation est, encore aujourd'hui, bien plus efficace qu'un diplôme quel qu'il soit. Et ces cousins fort accommodants se feront une joie d'aider ma meilleure amie, surtout quand ils verront combien tu es talentueuse et charmante et jolie, et bien plus que cela ! Je vais donc leur écrire dès ce soir et jouer « l'entremetteuse ».

Je dois vite te quitter pour livrer une robe, que Maman vient de « rafraîchir », à une vieille dame de la rue Crozatier. Me voilà transformée en trottin en attendant d'être midinette… Je pourrai aussi poster ma lettre avant la levée du soir. Mais écris-moi vite pour participer à cette « conversation » et me dire que tu travailles ta voix et ton répertoire en attendant de te perfectionner sous la houlette d'un professeur très qualifié.

> *J'attends ta lettre avec grande impatience et t'embrasse tendrement.*
>
> CLOTILDE

꿍

MARDI 4 AOÛT 1891

Ma chère Eugénie,

Ta lettre est arrivée ce matin comme tu l'espérais. Je m'empresse donc d'y répondre pour que tu puisses me lire avant la fin de la semaine; ainsi je te manquerai moins, peut-être ? Je ne peux croire que nous ne sommes séparées que depuis seize jours – dans quel état serons-nous quand tu viendras me voir en décembre ? Car tu viendras, n'est-ce pas ? C'est promis, juré ?

Une pensée m'effleure qui pourrait rendre ton absence

acceptable : imagine que nous puissions nous parler à distance ! Imagine quel bonheur ce serait d'avoir chacune dans notre entrée un téléphone ! Oui, un téléphone, cet objet magique que tout le monde voudrait posséder, cet instrument fabuleux qui témoigne de la créativité, de l'ingéniosité incroyable des hommes. Imagine les conversations que nous pourrions avoir maintenant qu'Arras est relié à Paris ! Imagine, imagine ! Mais à quoi sert de rêver, sachant qu'un abonnement annuel coûte 200frs selon mon frère. Et je ne connais personne au Faubourg qui possède cet objet rare. Même mon cousin d'Argis n'en a pas dans son joli manoir de la rue du Ranelagh. De plus, ceux qui en possèdent ne sont pas vraiment de nos amis, du moins pour l'instant. Il faudra nous contenter de nos lettres jusqu'à ton retour.

Mais venons-en aux nouvelles que tu m'as envoyées. Quel bonheur de savoir que tu as pu convaincre tes parents de la nécessité de reprendre des cours de chant ! De plus, mes cousins, qui m'ont répondu par retour du courrier, seront heureux de t'aider à trouver la personne la mieux à même de te guider vers la gloire. Non, je n'exagère pas, je suis tout simplement consciente de ton talent !

Je me réjouis aussi d'apprendre que tu apprécies l'accueil chaleureux de tes voisins. Il n'est pas surprenant que les membres de notre administration républicaine se respectent et se recherchent. Mais je prie aussi pour que ton père ne trouve pas trop vite, parmi ses jeunes collègues et voisins, le mari « parfait » pour sa fille chérie…

Puisque tu mentionnes Édouard, je dois t'avouer que moi aussi j'avais espéré que tu le trouverais à ton goût, car tu m'as souvent dit que tu le trouvais « beau, agréable et sensible » et qu'il t'impressionnait par sa taille, son esprit rapide et ses talents de danseur. Cependant, mon frère n'appartient pas à ton monde : un sculpteur sur bois, aussi talentueux soit-il, ne peut rivaliser avec les bourgeois que ta famille fréquente. De plus, l'ébénisterie, dans notre Faubourg, ayant perdu de son souffle, les revenus d'Edouard sont peu élevés et le petit atelier où il loge est un endroit peu approprié pour accueillir une jeune famille. Mais peu importent ces détails; il est clair que tes parents essayeront sous peu de te trouver un époux « comme il faut ». Fais-leur donc très vite un tableau convaincant de l'homme de tes rêves, celui dont tu me parlais si souvent, et qui ressemble tant au mien : beau si possible, élégant assurément, attentionné bien sûr, intelligent, cela va sans dire, et capable de respecter l'esprit indépendant des femmes. L'homme parfait en quelque sorte !

Pour ce qui est de mes activités professionnelles, comme tu les désignes si joliment, elles sont toujours aussi variées, mais guère mieux définies. Je découvre peu à peu, sous la houlette de ma mère, ce qui me plaît et me déplaît dans ce métier de couturière. Je t'en parlerai plus en détail dans ma prochaine lettre, car je dois justement aller chercher du galon (de l'extra-fort en fait) et veux poster cette lettre pour qu'elle te parvienne avant samedi. Cependant, rassure-toi, je prends chaque jour le temps de travailler sur ma harpe d'étude; et crayons et papier à dessin sont toujours à portée de ma main. Tu pourras juger de mes progrès à ton retour en notre belle capitale.

> *Je t'embrasse très fort,*
> TA CLO

☙❧

MARDI 11 AOÛT 1891

Mon Amie si chère,

Merci de me dire que tu apprécies mes lettres, car c'est un vrai plaisir pour moi d'échanger avec toi mes idées et « divagations » ! Sœur Thérèse avait raison de nous appeler les

7

« philosophes ». Comme elle me manque, elle aussi !

Pour ce qui est de ta question : suis-je heureuse d'avoir choisi le métier de couturière ? En fait, ai-je jamais eu le choix d'un métier ? Au sortir de l'école, je n'en vis guère d'autres, du moins dans l'immédiat. Les revenus de ma mère et de mon frère ne sont pas très élevés, comme tu le sais. Je dois donc, moi aussi, travailler pour gagner mon pain – Je sais que tu vas rire de cette expression qu'on répète autour de moi, mais pas chez toi ! De plus, fille et petite-fille de couturières, comment pourrais-je me soustraire à cette profession ? Je la vis, j'en sais les secrets depuis toujours. Vois-tu, je m'endors sur les tissus, je me pique aux épingles tombées sur le tapis, je m'assois sur le porte-aiguilles… Ne ris pas, tu n'as pas fait tes premiers pas dans la chambre-atelier-salon d'une couturière affairée ! Tu ne connais ni les peines ni les joies de ce métier qui à la fois m'attire et me frustre.

Bon, pour avancer, je vais te décrire (succinctement, n'aie crainte) les deux faces de la couture qui sont la source de mes hésitations, et cela me permettra, peut-être, d'avancer dans mes « pérégrinations » comme tu le dis si joliment, même si Sœur Thérèse trouverait le mot « peu adapté au contexte » !

D'un côté, du bon côté, il y a la mode et surtout les tissus qui me passionnent. En effet, depuis toujours j'en adore le toucher, la douceur, la souplesse, les textures si multiples ! Il m'est si facile de l'imaginer sur ces corps de femmes, dont il souligne la beauté, ou en cache les imperfections.

Il y a tout autant de plaisir à décider des formes, des assemblages, des moindres détails. Et je ne parle pas de la satisfaction ressentie quand on parvient à convaincre la cliente que nos choix sont préférables aux siens, qu'ils répondent mieux à ses souhaits, à ses besoins, à ses formes. Ma mère est particulièrement efficace dans l'art de la persuasion; elle m'a beaucoup appris dans ce domaine, je crois.

Mais revenons-en au tissu. Tu ne peux pas imaginer l'excitation mêlée de crainte qui t'habite au moment où tu vas le couper. Oui, quelle que soit l'étoffe : soie, laine, serge, batiste, percale, organdi, ou autres, aucune ne pardonne les erreurs, car c'est le revenu d'une semaine ou d'un mois qui dépend de ton geste. On n'y pense pas assez à cette main, ces yeux, ce dos même qui décident du sort de cette matière chaleureuse, légère ou ferme. On oublie trop la tension qui surgit au moment où l'on doit couper, l'attention à suivre les lignes (qu'il y ait patron ou non). Et pourtant, quel plaisir – les ciseaux reposés – de saisir ces morceaux, de les déplier, de les admirer, sur l'envers comme sur l'endroit ! Oh ! Comme j'aime ces tissus dont la plupart d'entre nous n'imagine ni l'origine ni la fabrication !

Et oui, ma chère Eugénie, ces grands coupons, ces pièces aux épaisseurs si variables, on n'en parle pas assez, on ne voit que leurs couleurs et leur utilité, rarement le miracle de leur existence. Pour comprendre ce miracle, imagine le mouton dans la plaine, la belle plante se balançant au gré du vent, le petit ver blanc accroché à la feuille de mûrier… Et puis il te faut penser à ces femmes et ces hommes qui récoltent laine, lin, chanvre, coton et cocon de vers à soie; il te faut saluer ces fileurs et fileuses, ces teinturiers, ces tisseuses, ces bobineurs…

Tu vas me dire d'arrêter ma chanson, mais il n'y a pas si longtemps, avec Maman et ses tantes, nous parlions souvent de ces travailleurs du textile si exploités ! Les hommes, eux (je pense à mes oncles et cousins bien sûr), parlent plutôt des machines qui doivent résoudre tous les problèmes humains en facilitant la fabrication de tout ce qui nous entoure. Pour ce qui est du tissu, je ne vois pas la trace d'une amélioration : son prix ne descend pas, les ouvriers ne sont pas mieux payés, les femmes travaillent toujours autant, sans répit.

Oui, Eugénie, le tissu c'est tout cela ! C'est pourquoi il

mérite d'être révéré, d'être bien traité par les couturières et par nous toutes, les entichées des beaux vêtements ! Mais je divague, je m'envole comme dirait Maman. Pourtant, t'écrire tout cela m'aide à mieux saisir les aspects du métier de couturière, et ses limites... En effet, dessiner une robe, choisir l'étoffe, couper, assembler à grands points : tout cela me plait, m'emballe même.

Mais, et c'est là le « mauvais » côté, il faut alors se mettre à coudre ! Coudre à petits points bien serrés, bien alignés, bien identiques ! Répéter pendant des heures ce geste minuscule de la main; ce geste qui me lasse, m'ennuie, m'endort... Je ne veux pas vivre les doigts crispés à longueur de journée sur des aiguilles, et le dos fatigué par des heures passées sur une machine à coudre (merci Monsieur Singer). Mes doigts, mes poignets ont besoin de gestes plus larges, plus harmonieux, plus décisifs. Je dois les protéger, les entretenir, les satisfaire, car ils sont la clé de mon succès de musicienne. Choix ou non, couturière ou non, je ne veux pas, je ne peux pas arrêter de jouer de la harpe. Et même si je ne puis espérer gagner un jour décemment ma vie en jouant de cet instrument si subtil, je m'y tiens religieusement : Sœur Pauline serait fière de moi, je crois.

Mais je ne vais pas te parler de musique, ma lettre n'en finirait pas, et ce n'est pas la question qui nous occupe aujourd'hui. Alors, ma conclusion ? Je dois trouver le moyen de m'approcher le plus possible du métier de la mode, mais ne pas avoir à coudre. Comment faire cela ? Je ne sais pas trop, car le « monde de la Mode » est plutôt fermé. Je vais en parler autour de moi. Si tu as quelque idée ou des contacts, mon Amie, aide-moi à repenser tout cela.

Écris-moi vite, raconte-moi tes découvertes dans ce lieu lointain, tes avancées dans cette société bien pensante de notre belle province. Je dis « notre », car une bonne partie de la famille de Maman, les Ansart, est artésienne.

Je t'embrasse très fort,
CLO

PARIS, JEUDI 20 AOÛT 1891

Ma tendre Amie,

Excuse ma réponse tardive à ta lettre : maman s'est tordu la cheville en descendant l'escalier; je suis donc en charge de la cuisine, des courses, du ménage, et bien sûr tout ce qui, en couture, nécessite d'être debout (prendre les mesures des clientes par exemple)…

Ceci dit, j'ai beaucoup apprécié ta lettre, car ce que tu me dis de ta tante est fascinant. Une photographe, professionnelle, qui possède un studio à son nom, sur les Grands Boulevards, à notre époque ! C'est incroyable ! Quel talent elle doit avoir, quelle détermination pour vivre d'un métier si clairement réservé (jusqu'ici) aux hommes ! Tu me diras que beaucoup de femmes travaillent dans les studios de photographes, mais la plupart d'entre elles ne sont que des employées cachées dans les chambres noires, ou de simples retoucheuses. Donc, avoir pignon sur rue est un exploit ! Cette femme est admirable ! Et ses photographies doivent être superbes puisque ses clients sont très nombreux selon toi. Rejoindra-t-elle les grandes photographes dont on parle hélas si peu ? Ces Ernestine Nadar, Angelina Trouillet ou Madame Leghait ?

Je vais me rendre au studio de ta tante, dès que possible, pour voir ce qu'elle expose dans sa vitrine, et peut-être lui proposer mes talents de dessinatrice au cas où elle chercherait une « retoucheuse », justement…

Tu ajoutes que, grâce à ses talents, elle a pu élever seule un fils dont elle a tu jusqu'ici le nom du père. Cela m'amène à penser que ta tante ne craint pas de choquer la petite bourgeoisie parisienne bien pensante. Voilà en effet de quoi effrayer tes parents : ils craignent que toi aussi tu deviennes une artiste très indépendante, incontrôlable et impossible à marier...

Que ta tante choisisse d'épouser aujourd'hui l'amour de sa jeunesse est plus touchant que décevant selon moi. Souhaitons-lui beaucoup de bonheur, même si elle renonce en quelque sorte à sa liberté. Mais à son âge, cette « liberté » a-t-elle la même signification que pour nous ? Mène-t-elle aux mêmes décisions ? Je ne saurais me prononcer ici, mais ta tante n'en reste pas moins une personne admirable, un exemple à suivre !

Mon enthousiasme ne te surprendra pas lorsque tu en sauras plus sur ma propre famille. Oui, la liberté, l'indépendance des femmes est un sujet qui me fait depuis longtemps réfléchir car nombreuses sont celles, autour de moi, qui ont choisi de prendre un chemin peu commun et même subversif ! Bien sûr, on parle peu de ces divergences par crainte de salir la réputation de la famille, mais justement, selon moi, ces femmes devraient être la source de notre fierté !

Voici donc de quoi te surprendre tout en te faisant comprendre ma position. Ma mère n'a jamais connu son père, car il est décédé quelques jours après sa naissance. Quand bien même il prit le temps de reconnaître officiellement sa fille, il n'eut pas l'idée, ou le temps, ou les moyens d'en épouser la mère ! Fille-mère elle fut et resta donc. Cela ne l'empêcha pas de fort bien élever sa fille et de vivre confortablement de son travail de couturière.

Cependant, des questions se posent. Sachant que nous sommes tenues de garder notre virginité jusqu'au soir de nos noces, comment ma grand-mère (tout comme ta tante) a-t-elle osé enfreindre cette règle ? Fut-ce par faiblesse ou vaillance ? Détermination ou frivolité ? Passion ou indépendance ? Qui saurait le dire ? Il n'est pas moins vrai qu'elle a dû aimer profondément cet homme, cet Edouard Robin, fourrier de l'armée, à la santé fragile, puisqu'elle a, selon ma mère, préféré rester célibataire après son décès...

Mais a-t-elle réellement eu le choix ? A-t-elle eu d'autres béguins, d'autres prétendants ? Qui sait ? De plus, un « homme de bien » se serait-il engagé avec une « fille-mère », même si l'enfant avait été reconnue par son père ?

Toutes ces questions resteront sans vraies réponses puisque ma grand-mère, cette Clotilde dont je porte le nom, a quitté ce monde huit jours avant ma naissance. Mais il n'en ressort pas moins qu'elle a su faire de sa fille une personne énergique dont la force, face à l'adversité, ne cesse d'étonner tous les membres de notre famille, laquelle est plutôt étendue, comme tu le sais.

Je ne peux te parler ici des autres femmes qui ont eu, elles aussi, des destins peu ordinaires, car « le devoir m'appelle » comme dirait mon frère. Je te quitte donc, mais attends-toi à des missives plus longues dans quelques jours, car il faut que je te parle aussi de cette partition du « Bal », le deuxième mouvement de la Symphonie Fantastique de Berlioz, sur laquelle je travaille avec un bonheur peu commun, compte tenu de la place donnée à la harpe dans cette partition.

Je t'embrasse tendrement,
CLOTILDE

Mon Eugénie,

Tes connaissances dans le domaine de la photographie ne laissent pas de m'étonner !

Et non je ne sais rien du travail de Maria Chambefort et je le regrette. Mais n'ayant jamais voyagé jusqu'à Roanne, et les daguerréotypes n'étant plus très prisés, tu ne t'étonneras pas de mon ignorance. Ceci dit, je te remercie de mentionner cette artiste qui mérite notre attention. Je parlerai d'elle autour de moi car il se pourrait que certaines de ses œuvres soient à Paris – et pourquoi pas à Arras ?

En parlant d'Arras, où en es-tu de tes découvertes « amicales » ? Raconte-moi vite ce dîner de dimanche. Dis-moi tout sur ce concert de musique de chambre, et surtout sur ces musiciens chaleureux…

Tes pensées concernant ma grand-mère sont très justes. En effet ses sentiments pour Edouard Robin furent sans aucun doute partagés par ce dernier, puisqu'il reconnut son enfant, et ce, quelques semaines avant sa naissance ! Eh oui ! J'ajouterai un autre détail intéressant : lui aussi est né de « père inconnu ». Faut-il dire ici que les « grands esprits se rencontrent » ? Ne ris pas trop fort de mon impertinence, car cela pourrait attirer l'attention de ta maman, et je ne veux pas réveiller sa curiosité envers notre courrier…

Pour ce qui est de « grand-père » Robin : il se pourrait que le fait d'être lui-même un enfant illégitime l'ait poussé à cet acte de bienveillance envers ma grand-mère. J'ajouterai que sa mère l'encouragea peut-être à prendre ses responsabilités étant donné sa propre expérience. Cependant maman ne parle guère de cette femme qui est décédée trop tôt pour jouer un rôle important dans la vie de sa petite-fille – en dehors de quelque argent et d'une aide non négligeable quant à l'installation de ma grand-mère à Paris dans l'Ile Saint-Louis. En fait, les Robin étant propriétaires de l'immeuble, ils n'ont jamais demandé à la mère de leur petite-fille de payer un loyer.

Ce que je peux te dire sur la cause du décès précoce de ce militaire « irrésistible », pour satisfaire ta curiosité, c'est qu'elle n'est pas liée à un acte de bravoure sur un champ de bataille. Non, il s'avère qu'une maladie mal définie l'emporta. Rien de glorieux de ce côté-là, tant pis !

Mais revenons au sujet qui nous préoccupe : le mariage ou pas. Il est clair que la relation entre hommes et femmes peut être étonnement variée. Il en découle que les femmes de ma famille eurent, chacune, un destin très différent de celui des autres; elles nous offrent une sorte de panoplie des options qui s'offrent à nous. De quoi élargir notre conception du rôle que nous devons jouer dans cette société qui est la nôtre, peut-être…

Vois plutôt : mon arrière-grand-mère fut mariée à 23 ans, à un homme du même âge. Mère de cinq enfants, elle suivit fidèlement son époux à travers la France, puis devint « buraliste » jusqu'à son veuvage à 78 ans. Son destin semble bien illustrer le mariage traditionnel des petits propriétaires et commerçants.

Sa fille aînée, mariée à 16 ans avec un opticien de 6 ans son aîné, eut deux fils et travailla avec son mari qui de l'optique passa à l'imprimerie, dans le quartier ouest de Paris. Tout comme sa mère, elle mena une vie active, et son mariage reposa sur une solide coopération avec son mari plutôt que sur la dépendance.

La deuxième (ma grand-mère), fille-mère à 18 ans, resta célibataire. Elle n'eut jamais à dépendre d'un homme en dehors de son père.

La troisième, mariée à 19 ans, fut veuve dix ans plus tard

et se remaria la même année. Six ans plus tard, de nouveau veuve, elle épousa un troisième homme. Elle eut un enfant du premier époux, une belle fortune du second, et vingt ans d'une vie heureuse avec le troisième.

La dernière, fille-mère à 18 ans, elle aussi, devint ensuite, à 25 ans, la concubine d'un homme qui lui fit trois enfants avant de l'épouser onze ans plus tard. Il lui donna alors un quatrième et dernier fils, la fit entrer dans la « haute » société parisienne – où elle se trouve à l'aise malgré le décès de son époux, en 1882, après treize ans de vie « commune. » Je pense que tu apprécieras mon jeu de mots ici…

Mais revenons à notre sujet : quatre filles, quatre vies des plus disparates. J'ajouterai que le fils de cette famille, ayant atteint la trentaine, épousa une jeune femme de 20 ans et lui donna deux enfants avant qu'elle ne mourût à l'âge de 30 ans – un mariage traditionnel, mais un destin tragique qui n'est pas rare encore à notre époque, hélas !

Ne trouves-tu pas ces choix, ces destins étonnants ? D'où provient le courage de ces femmes qui osent vivre hors des normes ? Où ont-elles trouvé la détermination nécessaire pour mener des vies, supposément peu « glorieuses », mais, en fait, fort riches ?

Une autre question se pose : quel genre d'union m'attend s'il est vrai que nous reproduisons les schémas familiaux ?

Ce qui est aussi préoccupant, c'est notre incapacité à prévoir et donc à nous préparer. On nous dit de prier Dieu, et donc d'être optimistes, mais sommes-nous à même de changer tant soit peu notre destin ? Nous voilà bien loin du simple choix d'un époux !

Que penses-tu de tout cela ? Où trouverons-nous des réponses à nos questions ? Oh, mon Eugénie, nous avons tant d'incertitudes qu'il m'est souvent difficile de concentrer mon attention sur mes tâches journalières. Heureusement que la musique me redonne la légèreté nécessaire et me réconcilie avec mon entourage ! Je vais donc te laisser pour cajoler ma harpe, d'autant qu'Edouard m'a proposé de poster cette lettre qui devrait donc te parvenir dès vendredi.

Ton amie qui t'embrasse très tendrement,
CLOTILDE

MERCREDI 2 SEPTEMBRE 1891

Ma très chère Amie,

J'ai réfléchi à tes questions et notamment à la capacité des femmes de ma famille à s'insérer dans la société malgré leurs choix inhabituels. Oui, elles ont su vivre et accepter leur destin, et sans doute leurs passions amoureuses si tant est qu'elles en eurent. Je ne crois pas qu'elles aient agi simplement sous l'impulsion de leurs désirs. En fait, elles montrèrent simplement une grande indépendance d'esprit : peu leur importait ce que les gens pouvaient penser d'elles. Elles considéraient leurs choix comme légitimes. Toutes quatre partagèrent le caractère rebelle de leur mère et l'esprit très ouvert de leur père. Ainsi, elles menèrent des vies étonnantes mais aussi fort utiles pour ceux qui les entouraient. Et c'est là la source de l'admiration que je leur porte et dont tu me demandes l'origine. Cette admiration est due au fait qu'elles jouèrent non seulement un rôle très important, quoique très différent, dans ma vie, mais aussi qu'elles furent toutes des modèles remarquables. Je parle surtout ici des deux plus jeunes tantes de ma mère, Émilie et Sara Caroline.

Voici quelques détails qui vont t'éclairer.

Émilie était de huit ans la cadette de ma grand-mère et la quatrième de la fratrie. Bien éduquée, elle était, selon maman, particulièrement attirée par les arts, la peinture en particulier, dès son plus jeune âge. Peut-être aurait-elle pu faire une carrière de peintre mais, pour une raison inconnue, elle préféra, dès l'âge de 19 ans, se marier à un fourrier, c'est-à-dire un membre de l'armée chargé du ravitaillement des troupes, probablement un ami d'Edouard Robin. Elle le suivit partout où l'armée le réclamait, en France et en Algérie, pendant quatre ans; et rien n'indique qu'elle ait continué de peindre. Avait-elle perdu son rêve de devenir une artiste ? Cet homme était-il irrésistible ? Pas pour très longtemps, car elle rentra en France, selon elle, pour assurer une bonne éducation à son fils qui était né en 1849. En fait, son époux était fort dépensier et buvait beaucoup. Elle s'installa à Paris, elle aussi dans l'Ile Saint Louis. Grâce à Candide, son frère, elle s'y fit de nombreux amis, surtout dans le cercle des jeunes artistes artésiens pour lesquels elle posait. Son premier époux étant décédé en 1859, en Algérie, elle se remaria sans tarder avec l'un de ces artistes : Ernest Dellaleau.

Quand ce dernier mourut cinq ans plus tard, elle ne resta pas seule – bien qu'il lui ait laissé une fortune la libérant de toute contrainte ! En effet, elle s'est très vite remariée avec un ami de longue date, lui aussi peintre et professeur de dessin au collège Sainte-Barbe, notre oncle Louis Rouyer, que tu as eu le plaisir de rencontrer.

Trois maris en quinze ans, voilà une femme dont le destin fut bien différent de celui de ma grand-mère ! De plus, elle n'eut jamais à travailler, ses époux pourvoyant à ses besoins. Mais se maria-t-elle pour être simplement une petite femme gâtée, une bourgeoise bien pensante et à sa place ? J'en doute fort ! D'ailleurs, Maman disait souvent que c'était elle qui « menait la barque »... expression intéressante s'il en est ! En fait, avec un peu de recul, il me semble évident qu'elle aussi fit preuve d'indépendance dans son attitude, dans sa façon d'agir et de penser, tout en tenant à son statut d'épouse.

Je crois pouvoir aller plus loin : elle fut en fait, une « maîtresse femme » car, tout comme sa propre mère, elle joua un
rôle très important dans nos vies à tous; mais un rôle qui est
allé au-delà de l'aide attendue des membres d'une famille unie.
Ce n'était pas simplement une présence, des dons d'argent, des
conseils ou des recommandations. C'était tout autre chose. Elle
nous accueillait, nous dorlotait, mais surtout elle nous guidait.
Elle nous encourageait à aller au-delà des normes, des choses
attendues. Elle nous poussait à tout examiner sous un autre
jour, à ne pas craindre l'inhabituel. C'est à elle, et à Oncle
Louis, que je dois mon amour de la peinture, de la musique
et de la réflexion, bien sûr ! C'est elle qui m'offrit ma harpe
d'étude alors que je n'avais pas 10 ans; c'est elle qui encouragea Edouard à poursuivre la sculpture sur bois; c'est elle qui
poussa notre cousin Alexandre dans la gravure plutôt que vers
un métier de fonctionnaire.

Non, elle ne fut pas la bourgeoise provinciale que certains
ont voulu voir en elle. C'était une femme remarquable et des
plus généreuses, qui nous a tous inspirés. Elle ne profita pas
des autres, elle leur dédia sa vie.

Je vais te quitter ici, mon Eugénie, car je suis trop émue
pour continuer cette lettre. Demain je te dirai tout sur sa sœur
cadette. Entre-temps, mon silence ne laissera pas d'aiguiser ta
curiosité…

೮෴

Mon Eugénie,

Je reprends ma lettre, car il est temps de te présenter le
destin de Caroline, la quatrième tante de ma mère; un destin
lui aussi peu ordinaire, ainsi que tu pus le constater dans ma
dernière lettre.

19

Cette dernière-née de la famille eut une brève relation avec un jeune Parisien qui, emballé par les idées révolutionnaires, mourut en 1848 sur les barricades, laissant Caroline enceinte et sans époux, alors qu'elle avait tout juste 18 ans. La famille accueillit le petit avec beaucoup de tendresse : Guyot il naquit et le restera. Ce soutien familial donna à la maman le réconfort nécessaire.

Confiante et déterminée, elle ne perdit pas l'espoir de trouver un autre homme; ce qui arriva six ans plus tard. Il faut ajouter qu'elle était fort intelligente, jolie, espiègle et pleine d'un charme auquel un capitaine des dragons ne sut résister. Elle le suivit en Algérie où elle accoucha bientôt de leur premier fils. De retour en France, elle eut deux autres garçons avec ce concubin qui n'avait pas obtenu (ou peut-être pas même cherché) l'assentiment de la hiérarchie militaire pour l'épouser. Pour elle, ce n'était pas un obstacle à son bonheur : esprit indépendant s'il en est, elle n'essaya pas de se faire épouser. Elle ne demandait rien d'autre que de vivre assez près de celui qu'elle aimait. Peu lui importait ce que pensaient les gens. Elle était d'ailleurs très gâtée par cet homme de quinze ans son aîné. Lorsqu'il quitta l'armée, il voulut l'épouser et reconnaître ses trois fils. Elle ne résista pas à son désir. Un quatrième garçon naquit un an plus tard.

Avoue que ce destin n'est pas ordinaire, d'autant que ce capitaine était, en fait, un passionné de littérature, et aussi membre de la petite noblesse parisienne… Tu vois maintenant de qui je parle.

Mais comment expliquer cette décision de « vivre dans le péché » ? De vivre si loin des normes de son époque ? Et ce sans l'ombre d'une hésitation ! Il faut aussi savoir qu'elle fut toujours solidement aidée par sa famille – le deuxième et le troisième garçons sont nés, eux aussi, chez leurs grands-parents à la Ferté-Gaucher, et portaient leurs noms jusqu'à ce que leur père les reconnût. Il est évident que Caroline et ses parents considéraient que la légitimité d'un enfant n'était pas une priorité ni une entrave à son épanouissement.

Après réflexion et une discussion très intéressante avec maman, je pense pouvoir dire que leur liberté d'action est assurément liée à leur admiration pour les idéalistes de notre siècle et leurs disciples.

Oui, mon Amie, les Guyot (les hommes en particulier) étaient, et sont encore, des adeptes de la philosophie de Saint-Simon. Ne ris pas, bien des membres de l'industrie française ont adhéré à ces pensées humanistes ! Et aujourd'hui encore, de nombreux groupes sont toujours très actifs. Ils se rallient aux idées de Prosper Enfantin, polytechnicien, comme tu le sais, qui a beaucoup marqué le monde de la science. Pour les femmes de ma famille, c'est surtout la « vision » de Charles Fourier qui est pertinente. En effet, elles ont adhéré à l'idée d'un monde idéal où les femmes partageraient la liberté sexuelle des hommes, où les enfants naturels seraient tous légitimes, où le salaire de chacun serait calculé sur la qualité du travail, et non pas sur le sexe ou la personnalité du travailleur.

Nous sommes loin, aujourd'hui, d'avoir atteint cet idéal; mais si tu lis assidûment *L'Intransigeant* ou *Le Parti Ouvrier,* tu verras que l'avenir et le bien-être des ouvriers et des ouvrières sont au cœur des discussions concernant l'industrie. Et les syndicats se multiplient au rythme des grèves, au grand déplaisir des industriels…

Bon, je me suis un peu éloignée de notre sujet essentiel et qui nous tient tant à cœur, c'est-à-dire la liberté des femmes, et leur vision du mariage. J'y reviens donc car l'union de Tante Caroline touche aussi à un autre concept, celui de l'appartenance à la noblesse… Et oui, on peut être fouriériste et, par ailleurs, rester attachée à cette organisation très archaïque de notre société, mais encore ô combien active – comme le prouve le destin de nos révolutions – ainsi il se pourrait que le Comte d'Orléans succède au Président Sadi Carnot qui est si attaché à notre République… Ne ris pas car cela expliquerait que Caroline et ses parents aient eu le désir de replacer la famille dans le rang de la petite noblesse, quel qu'en fût le prix. En effet, il te faut savoir que la grand-mère Guyot était une Ansart de Bofle et de Marcon; de cette petite noblesse de l'Artois dont tu rencontras les descendants. Or ce beau Capitaine des dragons n'était autre que le Comte de Guillerville. Voilà de quoi relever le blason un peu délavé des Ansart !... Il se pourrait aussi que le comte ait choisi Caroline parce qu'elle appartenait tout comme lui à la petite noblesse de robe : les Comtes de Guillerville étaient parlementaires alors que les Ansart étaient des baillis.

Mon frère m'a dit aussi que, sans les fils de Caroline, le titre de Comte de Guillerville aurait disparu, car Albert, frère puîné de l'oncle Jules, n'avait que des filles – au nombre de quatre, elles aussi. Mais le nombre et la légitimité n'en font pas les héritières du titre, comme on sait ! Tu avoueras que ce petit détail vaut la peine d'être mentionné, surtout s'il est la clé du mariage tardif, mais tout à fait légal, de Caroline avec son compagnon.

Cependant, je ne veux pas que tu juges les choix de ma grand-tante sur ces suppositions au caractère quelque peu pernicieux, car il faut reconnaître que son charme ne tient pas tant à son statut de comtesse qu'à sa personnalité. Et son influence sur les membres de notre famille est beaucoup plus profonde qu'on ne saurait le croire : elle incarne pour nous l'élégance, la beauté, l'entregent, et surtout la bienveillance. Elle est à l'aise dans toutes les situations, elle trouve toujours le mot adapté, le mot qui rassure ou apaise. Elle sait utiliser ses contacts pour aider ceux qui le lui demandent. Elle a, de plus, beaucoup d'esprit – ce qui fait de sa table et de son salon des lieux où l'on se presse avec enthousiasme. Sa bonté est connue : ses domestiques l'adorent, son jardinier est à ses pieds, les enfants se battent pour toucher sa main ou sa robe, chiens et chevaux la suivent au pas… C'est la Dame au sens propre. Elle trouverait ma liste fort exagérée, car cette grande dame sait aussi faire preuve d'humilité, ce qui est rarement le cas dans ce milieu huppé.

Je sais que tu la regarderas avec plus d'attention, maintenant que tu connais ses qualités – dans tous les sens du mot !...

Voilà donc, mon Amie, une description plus fournie, mais juste, de ces femmes qui nous ont tant marquées, ma mère et moi. Je pense aussi à ta tante et ses choix, lesquels ont suscité cette longue conversation. Oui, mon Eugénie, nous pouvons affirmer que grâce à ces dames, nous avons une vision plus ouverte ou plutôt enrichie de la vie, nous savons que nos options ne sont pas limitées à un mariage « traditionnel ». Nous pouvons, comme elles, nous sentir plus libres et plus engagées dans nos activités et talents, nous pouvons vivre nos rêves…

Sur cette parole pleine d'espoir, je t'embrasse et te dis à très bientôt.

> *Ton amie fidèle,*
> CLO

MARDI 15 SEPTEMBRE 1891

Ma douce Eugénie,

Comme ta lettre, arrivée ce matin, m'a fait plaisir ! Et oui, écrire, surtout à ceux que j'aime et qui partagent mes goûts, est un vrai bonheur pour moi. Mais je ne suis pas sûre d'être, comme tu le proposes, la Dame de Sévigné de notre époque ! D'ailleurs les sujets que j'aborde sont très personnels et destinés uniquement à ceux à qui je m'adresse – toi en particulier !

De plus, qui aurait l'audace de se comparer à cet écrivain ? Mais tout humble que je sois, je dois dire que ta plaisanterie m'a fait plutôt plaisir...

Il faut ajouter que, selon mon oncle Louis, les lettres que nous avons lues en classe, et qui nous inspiraient tant, ont été profondément remaniées au moment de leur publication, car la petite-fille de Mme de Sévigné, les trouvait « peu conformes aux normes de la bienséance ». J'ai du mal à imaginer ce que ces lettres devaient dévoiler pour être ainsi modifiées. Ce qui est sûr, c'est que, illustre ou non, personne n'est à l'abri de la suffisance des siens. J'espère que personne dans ma famille ou la tienne n'osera modifier mes lettres avant que tu n'aies le temps de les lire !

Tu t'étonnes de notre facilité à partager nos secrets. Mais pour moi la base de l'amitié c'est de ne pas avoir de « secrets » l'une pour l'autre. Ce partage nous permet de penser avec discernement et aussi, je crois, de mieux comprendre qui nous sommes. En « ouvrant nos fenêtres », un air frais nous pénètre, nous pouvons mieux respirer et voir, comprendre les autres dans leur réalité. C'est cela la nécessité, la beauté du partage. Que valent nos pensées sans celles des autres ?

J'ajouterais brièvement que la « société » nous veut discrètes – oui, on nous impose, à longueur de temps, la discrétion; mais elle n'est là que pour renforcer les mensonges ! De plus, si nous ignorons ce qui affecte la vie des autres, nous ferons des erreurs de jugement, nous ne pourrons pas leur faire confiance, nous ne pourrons pas vivre en harmonie. C'est la peur du jugement des autres qui nous contraint au silence, mais celui-ci est néfaste à toutes les relations, qu'elles soient professionnelles, familiales ou amoureuses, ou même de voisinage. En fait, comment s'entraider si nous ne savons pas ce qui préoccupe autrui, ce qui dirige ses choix ? Et cela dans tous les domaines importants.

Tu vois, mon Eugénie, nous avons raison de partager nos secrets de famille, car ils expliquent bien des choses ! Je vais te donner un autre exemple qui ne laissera pas de t'étonner et peut-être de t'inquiéter, donc pardonne ma « franchise ».

Je sais depuis longtemps que ton père est Franc-Maçon. Non, ce n'est pas toi qui me l'as dit, n'aie crainte ! Je tiens cela de mon frère, car il l'est lui-aussi, comme mes grands-pères, la plupart de mes oncles, et mes cousins. Ils appartiennent à la même loge. Cela te rassure, n'est-ce pas ? Mais voilà ma première question : pourquoi ces hommes de nos familles sont-ils si attentifs à cacher, si attentifs à dissimuler leurs vœux, alors que la Franc-Maçonnerie a joué un rôle si important non seulement dans leur carrière, mais aussi dans le choix de leurs épouses ? Et bien sûr dans leur statut social, tout comme dans leur attitude vis-à-vis de la société ? Mon frère m'a dit que la devise de notre république « Liberté Egalité Fraternité » fut créée par les Francs-Maçons bien avant la révolution de 1789 !

Oui, ces Maçons sont des progressistes, des hommes de cœur qui viennent en aide à leurs confrères. Pourquoi cacher tout cela ? Est-ce parce que l'Église s'est opposée à toute forme de rassemblement qui pourrait lui faire ombrage ? Sans aucun doute; mais aujourd'hui, après cette mise à distance de la « hiérarchie épiscopale », pourquoi cacher si scrupuleusement ses appartenances ? J'ajouterai que les croyances des deux côtés sont basées sur la même morale : l'entraide, le respect de l'autre, la compassion – si j'ai bien compris ce qu'on nous inculqua dans notre petite école, au catéchisme et, chaque dimanche, à la messe !

Voilà ma très chère, j'ai partagé avec toi mes pensées sur ce sujet « tabou ». Que vas-tu m'apprendre dans ta prochaine lettre que j'attends avec grande impatience ?

Je t'embrasse tendrement,
Clo

Ma si chère Amie,

Ta lettre m'a fait beaucoup rire : ainsi, mon Eugénie ne se laisse pas convaincre par les jeunes Arrageois, malgré leurs nombreuses tentatives. J'essaie de les imaginer réclamant la prochaine danse ou te félicitant de ta grâce et de ton élégance de Parisienne. Cependant l'un d'eux mérite peut-être ton attention, surtout s'il est ténor ou baryton. Pense à cette possibilité… Ceci dit, j'ai moi aussi une anecdote à partager, qui devrait t'intéresser.

Mon cousin Paul m'assura, au cours du dîner hier soir, qu'il n'hésiterait pas à se battre en duel pour sauver mon honneur. Esprit militaire s'il en est !

Je sais bien qu'un jeune capitaine appartenant à la petite noblesse parisienne a gardé le privilège de se battre en duel, mais vraiment, j'étais plus ahurie qu' « honorée » si je puis dire. Et je ne sus ni lui répondre ni le remercier, la conversation, Dieu merci, ayant pris un autre cours.

Mais cela me fit réfléchir : défendre notre honneur ! Pourquoi aurions-nous besoin d'un homme pour défendre notre honneur ? Et pourquoi par les armes ? Comment et pourquoi tuer ou blesser quelqu'un pourrait-il me rendre cet honneur supposément perdu ? Voilà une notion des plus folles, surtout si l'on ne sait pas mieux définir notre « honneur » !

Me suis-tu dans ce labyrinthe, dans ces pensées un tant soit peu nébuleuses ? L'honneur, en fait, c'est le respect que nous montrent les autres. Or ce respect n'est pas simplement fondé sur notre capacité à tenir un homme à distance, du moins, je l'espère ! Il est le fruit de notre attitude, notre disposition à montrer de la compassion et de l'estime aux autres, justement. Je me sens tout à fait capable de faire cela, et donc de me prendre en charge, en tout honneur ! Merci Monsieur le Capitaine !

Côté musique, je ne suis pas sûre de t'avoir dit que je participerai à un petit concert fin octobre, chez les Mesureur. Leur fille étant une violoniste fort douée, ils m'ont demandé de me joindre à elle pour divertir leurs invités. Nous jouerons deux courtes œuvres qui mettent la harpe en valeur et bénéficierons de la richesse mélodique du violon. Il s'agit de deux morceaux que tu connais bien : « Le Bal », de la *Symphonie fantastique* de Berlioz, puisque ce mouvement inclut un solo de harpe, et « La Bagatelle en La Mineur » de Beethoven, mieux connue sous le nom de « La Lettre à Elise ». Ne t'offusque pas de l'absence de piano : notre duo de violon et harpe sera une nouveauté qui devrait satisfaire notre public. Tu comprends maintenant pourquoi je suis dans une telle effervescence !

Voilà, mon Eugénie, dis-moi au plus vite ce que tu penses de mes divagations, avant de t'engager avec brio dans les méandres de la société artésienne, bien-dansante et bien-pensante. Et surtout donne-moi plus de détails sur ce professeur de chant à qui tu fus recommandée et que tu rencontreras vendredi. Je sais que tu l'éblouiras, et que tu seras à même de préparer quelque concert très prochainement pour impressionner vos nouveaux amis et connaissances…

> *Je t'embrasse fort*
> CLOTILDE

※

VENDREDI 2 OCTOBRE 1891

Ma très Chère Eugénie,

Juste un petit mot pour te remercier de tes bons vœux. Oui, avoir dix-neuf ans est un privilège : on commence à m'écouter un peu lorsque j'ose émettre une « proposition » (pas un « conseil », bien sûr), et je peux choisir la robe que je porterai demain sans remarques de Maman, ni de mon frère ! Je plaisante un peu, mais tu sais de quoi je parle – fillettes nous resterons jusqu'à ce qu'un homme nous épouse, je suppose. Mais je ne dois pas me plaindre car j'ai reçu plusieurs cartes fort jolies (comme la tienne) et un petit flacon d'eau de Cologne de chez Roger & Gallet : me voilà parée quand je rencontrerai la Reine Victoria que ces parfumeurs ont su séduire – selon Tante Caroline !

Je veux partager avec toi une autre bonne nouvelle : je suis allée dimanche dernier, avec Tante Caroline, Jules, et Paul, à Boulogne-Billancourt, chez les Renault, anciens voisins de ma tante, que tu as rencontrés une fois ou deux, alors qu'ils lui rendaient visite rue du Ranelagh. En effet, Tante Caroline garde de fréquents contacts avec eux, sans aucun doute parce que ce sont des gens charmants, très ouverts et fort obligeants.

Dimanche donc, l'atmosphère était particulièrement joyeuse car leur plus jeune fils, Louis, qui va vers ses quatorze ans, a réussi à installer l'électricité dans leur « maison du dimanche » (comme dit Berthe Renault, en bonne tourangelle !). Ce garçon est timide et réservé, mais « il ira loin » selon son père et même ses frères qui se moquent un peu de lui et de sa passion pour la mécanique. Personnellement, je trouve Fernand, qui a 25 ans, plutôt agréable, mais c'est Marcel qui m'amuse le plus – de cinq mois mon aîné, il paraît beaucoup plus âgé que moi – selon mon frère qui l'envie un peu, je crois. Il faut dire que leur père vient de passer la direction de son entreprise de tissus et passementerie à ses deux fils aînés; il se pourrait que sa santé ne soit plus ce qu'elle était, même si personne n'en dit rien.

Mais j'en reviens à la bonne nouvelle : au cours du repas nos hôtes me posèrent quelques questions sur mon travail, mes activités. Ceci me permit de partager avec eux mon incertitude vis-à-vis de la couture. Monsieur Renault proposa de m'introduire auprès du représentant de la Maison Furnion, un de ses fournisseurs de tissus. Ces soyeux se sont lancés, il y a deux ans, dans la peinture sur soie, laquelle est une technique très complexe qui m'intéresse beaucoup. Travailler dans ce domaine serait vraiment fascinant ! Tu comprends donc, mon Eugénie, comme je suis impatiente de rencontrer cet homme – ce qui devrait se faire ce mois-ci… Gardons espoir !

Cette journée à Boulogne fut donc non seulement agréable, mais aussi très utile. Encore une raison d'apprécier « l'entregent » de Tante Caroline.

Avant de te quitter, je me dois de te dire que j'admire ta détermination : celle-ci te mènera loin ! De plus ton raisonnement est très convaincant; en effet, en rejoignant le chœur de la cathédrale d'Arras, tu auras de nombreuses occasions de chanter en soliste, et bien sûr de révéler ton immense talent. Crois-moi, d'ici quelque temps on s'arrachera ta présence dans les salles de concert les plus recherchées de l'Artois, la Flandre et la Picardie !

Je vais maintenant me mettre à la harpe, car le 19 octobre n'est pas loin, mais j'attends de tes nouvelles avec impatience.

Ta Clotilde qui t'embrasse très tendrement

⟨⟩

VENDREDI 16 OCTOBRE 1891

Mon Eugénie,

Ta lettre, arrivée mercredi comme tu le supposais, me fit grand plaisir; merci de tous tes souhaits. Je suis en effet très prise par mes répétitions chez les Mesureur. Suzanne et moi nous entendons bien, et je crois que nous serons prêtes à affronter notre « public » dimanche 26. Je dois ajouter que la harpe Erard qu'ils ont empruntée est d'une qualité exceptionnelle. Quelle chance est la mienne ! Il est bien dommage que tu ne puisses être avec nous à cette occasion ! Mais je te promets de jouer ces morceaux pour toi et ta famille, lors de votre visite à Paris, en décembre – même si ma petite harpe n'est pas comparable…

Un autre sujet à aborder : Maman et moi nous rendrons chez ta grand-mère la semaine prochaine pour ajuster et recoudre son manteau d'hiver. Ce sera une excellente occasion de parler de toi, et d'admirer ton beau portrait placé sur la tablette de la cheminée du salon. Ta grand-mère a beaucoup de chance d'avoir une petite-fille si belle et si douée, et toi, une aïeule si dévouée et généreuse. Je lui suis toujours très reconnaissante de m'avoir présentée à Madame Huisman, ce professeur à qui je dois ma passion pour la musique, pour la harpe surtout. Si elle ne nous avait pas quittées si tôt, je serais aujourd'hui membre de l'orchestre de l'Opéra… Je plaisante, bien sûr, mais il n'en est pas moins vrai que son enseignement est la base de tout mon savoir, de mon « talent » de harpiste.

En ce qui me concerne, je vois l'amitié qui a uni ces deux grandes dames comme la clé de nos destins de musiciennes. Elles nous ont tant donné; elles nous ont si bien guidées ! Je leur en serai, pour toujours, profondément reconnaissante.

J'espère que notre amitié apportera, dans un demi-siècle, un bonheur similaire au mien, à quelque jeune fille tout aussi chanceuse que moi !

Maman réclame mon aide, donc je m'arrête ici, et te promets de te raconter le plus tôt possible, et en détails, ce qui se sera passé dimanche.

> *Mille bons baisers,*
> CLOTILDE

PARIS, 27 OCTOBRE 1891

Ma douce Amie,

Il faut que je te dise vite que tout s'est bien passé hier Quai de Gesvres,[1] dans ce beau salon qui domine la Seine. Oui, trente personnes attentives et si impressionnées par notre petit concert, que tout le monde se leva pour nous applaudir ! Il est vrai que Suzanne, du haut de ses neuf ans, est prodigieuse. Sais-tu qu'elle joue du violon depuis près de quatre ans ? J'avais déjà sept ans quand on me permit, pour la première fois, de tapoter sur les touches du piano que construisait mon grand-père !

Après cette *standing ovation* comme on dit si bien dans la belle langue de Shakespeare, il y eut des embrassades, des serrements de mains et beaucoup d'excellents petits gâteaux. Notre député et sa dame se montrèrent très aimables et pleins de gratitude envers moi. Tante Caroline m'assura que je venais de me faire des amis sur lesquels je pourrai « compter ». Ce n'est pas ce qui me préoccupe aujourd'hui, car ce qui « compte » pour moi, c'est de toucher mon auditoire, c'est de toujours ressentir cet indescriptible bonheur de jouer.

Voilà, mon Eugénie, tu as déjà compris par mon enthousiasme que, même si je déplore ton absence, je suis d'excellente humeur, car il y a plus que ce succès de salon. En effet, au cours du petit goûter qui suivit notre concert, Monsieur de Berlantier, grand ami des Mesureur, est venu vers moi : ma manière de jouer l'avait, apparemment, fort impressionné. J'en suis encore tout étonnée, mais surtout ravie ! Il me posa quelques questions. La plus intéressante « et pourquoi la harpe ? » me surprit, d'autant que je ne voulais pas lui faire un long exposé sur ma vie. J'hésitais donc, quand cette phrase m'est venue : « on ne choisit pas un instrument, c'est lui qui vous choisit ! » Apparemment ma réponse lui plut car il m'a de nouveau complimentée pour mon talent. Lorsqu'il apprit que je n'avais pas souvent l'occasion de jouer pour un grand public, il proposa de me recommander au Maître de chapelle de l'Église de la Madeleine. Il se trouve que la harpiste habituelle est en très mauvaise santé (le malheur des uns fait le bonheur des autres, comme dit souvent Maman). Tu imagines ma stupeur : jouer sous la baguette de Gabriel Fauré, qui pourrait demander mieux ? Et cela sans être diplômée du Conservatoire !

Je vais me rendre à la Madeleine dès demain pour bien examiner les lieux et la harpe. Ainsi je ne paraîtrai pas trop niaise si j'ai l'honneur d'être présentée à ce grand homme, dimanche, après la grand-messe. De plus, je travaille avec acharnement sur le « Prélude en Do Majeur » de Jean-Sébastien Bach, que je jouerai alors, si cette rencontre a lieu. Je tremble à cette idée. Mon Amie, prie, prie pour moi !

Pour satisfaire ta curiosité, ou plutôt ton habituelle sagacité, je dois t'avouer que les yeux rieurs de mon « bienfaiteur » sont pleins de charme, et qu'ils me regardaient avec plus d'attention que je ne le souhaiterais; mais sa générosité et son tact parfait me font accepter cet état de choses. Je compte bien garder mes distances et me comporter comme une jeune fille pleine de pudeur, tout en lui montrant le respect que tout « mécène » se doit d'attendre de sa « protégée » ; rien de moins, rien de plus. Je t'écrirai très bientôt pour te dire si cette entrevue artistique eut lieu, mais ne me laisse pas sans nouvelles !

Ta Clo qui t'embrasse bien fort.

MERCREDI 4 NOVEMBRE 1891

Ma très Chère,

Quelle joie de te lire et d'apprendre que tu seras ici, face à moi, dans dix jours, quel bonheur !

Je ne te propose pas d'aller vous attendre à la gare, puisque vous ne serez à Paris qu'à 8 heures du soir, et cela si le train ne prend pas de retard, comme le mentionna Édouard quand je lui ai demandé s'il voulait bien m'accompagner. Il souligna aussi le fait que la gare Saint-Lazare est éloignée de notre Faubourg Saint-Antoine, surtout quand on ne peut pas s'offrir de prendre une calèche… Mais je serai libre toute la journée de dimanche et en avertirai ta grand-mère. A vous de choisir une heure propice pour ma visite rue de Reuilly.

Inutile de te dire combien j'aimerais que votre séjour se prolonge un peu : trois jours à Paris c'est bien court, mais je me contenterai du temps que tu pourras me donner. D'autant que j'ai une autre magnifique nouvelle à partager : le maître de chapelle, Monsieur Fauré, a accepté de me rencontrer mercredi 20 novembre. Oui, imagine dans quel état je suis…

Je travaille ma partition chaque jour pendant des heures, « au grand dam » (j'aime toujours autant cette expression qui faisait rugir Sœur Thérèse) de Maman qui est très occupée ces jours-ci. Je fais de mon mieux pour l'aider, mais il faut bien que la musique triomphe, n'est-ce pas ?

Je n'ai pas connu de ma vie un tel émoi !

Merci, merci, mon Amie de m'écouter avec tant de patience !

> *Je t'embrasse bien fort,*
> TA CLOTILDE

◈

LUNDI 25 NOVEMBRE 1891

Ma douce Amie,

Je n'ai pas besoin de te dire combien j'ai apprécié ces moments passés ensemble : tu es la seule personne à laquelle je puisse vraiment me confier. Quelle chance de t'avoir comme amie et quel bonheur de savoir que tu partages ce même sentiment ! Ta maman a raison de dire que votre retour, le 20 décembre, arrivera très vite, mais mon impatience n'en est pas moindre.

Ceci dit, passons aux nouvelles. Je t'ai promis de tout te dire sur la rencontre avec notre grand Fauré. Eh bien, disons simplement que mon anxiété était superflue, vois plutôt.

Je suis entrée dans l'église et le sacristain m'a guidée vers la petite salle où notre Maître de chapelle s'entretenait avec le curé de la paroisse. Il faisait face à la porte ouverte et sourit en nous voyant entrer. Le curé se retourna se demandant sans doute ce qui pouvait faire sourire Fauré. Celui-ci s'est approché et me dit en inclinant la tête « Mademoiselle Loeven, je suppose. » Je dûs rougir en faisant la petite révérence attendue d'une jeune fille. Il me présenta alors au curé en disant que je venais pour lui montrer mes talents de harpiste, en vue du départ de Madame Castelle (ou Nastelle, peu importe). Ce qui est sûr c'est que j'ai rougi encore plus en essayant de lui faire mon plus beau sourire, sans toutefois montrer mes dents : la bienséance étant évidemment de rigueur.

Je ne l'avais jamais vu de près; j'ai donc été charmée par ses yeux rieurs. Avec un grand front, une jolie moustache et une petite barbiche discrète, il est plutôt bel homme. De plus, il se tient droit, mais son attitude n'a rien de condescendant.

Non, ne t'inquiète pas, il est un peu trop âgé pour nous, et il est marié, je crois.

Il me pria de le suivre dans la pièce où était rangée la harpe. Il me posa toutes sortes de questions sur ma formation, les œuvres que je préfère, puis il me demanda de jouer « Un Bal » de Berlioz : le hasard fait bien les choses, à moins que Monsieur de Berlantier n'ait mentionné le succès de notre petit concert d'octobre à son ami…

J'ai ensuite joué un peu de Bach. Il m'observait avec une

grande attention en hochant la tête ici et là. J'ai dû bien faire car il m'arrêta en disant : « Fort bien Mademoiselle; venez jeudi prochain pour la répétition du chœur et nous parlerons de notre arrangement. »

Il s'est ensuite excusé de me quitter si rapidement : un de ses élèves l'attendait à Neuilly. Au sortir de la Madeleine, il héla un fiacre qui partit au trot. Je me suis dirigée vers la rue de Rivoli pour prendre le tramway. Je dus attendre plus de vingt minutes, mais j'étais si surexcitée (merci Monsieur Pothey pour ce mot si explicite !) que je n'ai pas vu le temps passer. Ce n'est qu'en arrivant à la maison, quand Maman me demanda pourquoi je rentrais si tard, que je compris comme le temps m'avait échappé.

Oui, mon Amie, je suis encore tout ébahie; je ne m'attendais pas à la facilité avec laquelle j'ai pu convaincre le grand Fauré. Quelle chance j'ai, quel bonheur ! Je prie pour que tu aies un bonheur semblable quand tu seras engagée pour chanter à l'Opéra d'Arras d'ici quelque temps.

Je vais te quitter car il est bien tard, et je dois me lever très tôt demain matin.

Clo, ton amie qui t'aime fort

❧

Mon Amie si chère,

Je me réjouis de savoir que ma carte te parvint juste à temps pour ta fête, ma « presque sainte » Eugénie, et que tu en apprécies les couleurs et le dessin. Je l'ai achetée comme tu t'en doutes à notre petite papeterie du boulevard Diderot. Le fils du libraire me reconnut dès mon entrée, car il s'est aussitôt empressé de me demander des nouvelles de mon amie. Apparemment il n'oublia ni ton charme ni tes goûts délicats pour les belles cartes postales. Je peux voir d'ici ton sourire...

Souvenirs, souvenirs, mais aujourd'hui, comme je voudrais être auprès de toi pour rencontrer tous ces gens qui vont devenir tes amis ! D'autant que tu trouveras peut-être parmi eux l'homme de tes rêves. Mais, méfie-toi de ce bel Émile dont tu parles avec enthousiasme; il risque de te faire des promesses qu'il ne pourra pas tenir. Et puis il est ton cadet de deux ans; cela ne se fait pas dans nos milieux : les hommes doivent être nos aînés et tant pis s'ils sont déjà presque séniles.

Pour ce qui est de mes cousins d'Argis, tu as fort peu de chance de conquérir l'un d'eux. Henri, comme tu t'en es peut-être doutée, n'aime pas vraiment les femmes (au grand dam de sa famille), même s'il cache ses préférences avec beaucoup d'adresse — sauf dans ses livres qui ne sont d'ailleurs pas faciles à trouver. N'attends rien d'Alphonse ni de Paul, car ton père n'est « qu'un honorable et honoré » administrateur. Ce n'est pas un grand propriétaire. Et tu sais bien que pour notre petite noblesse, seule la propriété est une valeur sûre et, au fond, indispensable. Donc, ma chère Amie, tourne-toi vers d'autres horizons sentimentaux, cherche l'oiseau à aimer sans trop penser à demain. Si cela n'aboutissait pas, ne désespère pas : tu sais bien que tes parents te trouveront quelqu'un de très bien (à leurs yeux); un administrateur des Colonies par exemple, pour satisfaire tes goûts du voyage. Et l'opéra dans tout cela ?

De mon côté, deux bonnes nouvelles : les répétitions à la Madeleine se passent bien. Tout le monde m'accueillit avec gentillesse et semble apprécier mon modeste talent. De plus il se pourrait que la harpiste que je remplace ne revienne pas aussi tôt que prévu. Une année supplémentaire serait idéale !

Par ailleurs, mon travail pour la maison Blanchet, grossiste en tissus, est intéressant. En effet, il s'agit de prévoir ce que ces dames voudront porter ce printemps : des tissus aux teintes plutôt sombres, mais nuancées. Soies et percales se veulent aussi plus colorées. Mon rôle est jusqu'ici limité, mais j'apprends beaucoup sur la fabrication et le traitement des tissus. Il me reste aussi assez de temps en soirée pour travailler à ma harpe et à mes dessins.

À ce propos, je n'ai pas encore reçu d'offre de la Maison Furnion, mais je ne désespère pas. Les dessins que j'ai envoyés à Lyon parviendront peut-être à convaincre l'administrateur en charge du recrutement des artistes... J'espère avoir davantage à te dire la semaine prochaine.

> *A très bientôt de te lire, mon Amie,*
> *Je t'embrasse,*
> CLO

❧

PARIS, MERCREDI 2 MARS 1892

Ma très chère Eugénie,

Vite un tout petit mot rapide pour te dire que nous déménagerons cette semaine comme je te l'ai annoncé le mois dernier. Voici notre nouvelle adresse : 27, rue de la Forge Royale. Oui, juste à côté du Passage Saint Bernard, mais avec une petite pièce en plus où maman placera sa machine à coudre et ses tissus. Cela libérera un peu la salle à manger – à travailler – à peindre, mais pas à sculpter (Edouard gardant le petit atelier du Passage qu'il partage avec notre cousin Alexandre). Rester si près nous permettra de ne pas avoir à changer nos habitudes, comme le souligne Maman.

Par ailleurs, rien de très important à te raconter sur la vie parisienne – sauf que je viens de relire, avec grand plaisir, la nouvelle d'Henry Gréville, « Le Fil d'Or », parue dans *Le*

Figaro Illustré en avril, l'an dernier. Je l'ai retrouvée par hasard en vidant un tiroir de la commode. Quel talent a cette femme ! Comme elle sait toucher ses lecteurs ! J'attends avec impatience de lire « Le Moulin à Vent » qui vient de paraître dans *Le Figaro* que mon cousin Jules a promis de me donner quand il l'aura lu.

Tu te souviens comme nous avons aimé « L'Avenir d'Aline » et « Chant de Noces »? Et comme nous étions transportées quand mon cousin Jules, qui a ses entrées dans le monde de l'édition, nous a dit que l'auteur s'appelait en fait Alice Durand ? Cependant, je ne peux toujours pas comprendre pourquoi un écrivain si populaire et si prolifique doit se faire passer pour un homme pour publier ses livres, pour trouver sa place dans le monde littéraire – comme fit George Sand, en fait. Et Daniel Stern, Daniel Lesueur, Charles De Launey ou encore André Léo… Quand nos femmes de Lettres pourront-elles se faire un nom sans avoir à se cacher derrière un nom de plume masculin ? Dans un siècle ou deux ? Cette pensée me révolte. Donc je vais passer à un sujet plus agréable : Toi.

Oui, toi, et ta vie d'Artésienne. En effet, je dois te dire que les attentions de ce Monsieur Pierre envers toi (que tu listes avec une grande précision dans ta lettre) me semblent touchantes et devraient te rassurer : c'est à n'en pas douter un homme de cœur. Donne-moi plus de détails sur ce jeune homme que tes parents ne manqueront pas d'apprécier, afin que je puisse l'imaginer – en attendant de recevoir sa photographie si tant est qu'il ait jamais posé pour un photographe – tu es bien la seule personne avec laquelle je peux faire ce genre de plaisanterie ! Il n'en demeure pas moins que je l'imagine aussi beau que gentil. Ai-je raison ? J'en déduis aussi que tu as tout à fait oublié ton petit amoureux blésois. Ce dont je me réjouis.

Voilà une lettre qui se voulait courte, mais j'ai, comme toujours, trop de choses à te dire… Oh, mon Eugénie, j'ai tellement envie d'être auprès de toi pour partager ces moments si importants de nos vies !

Mais je dois reprendre mon « emballage »; il y a encore beaucoup à faire pour vider ces pièces que nous occupons depuis plus de huit ans.

> *Je t'écrirai dès que nous serons installés dans*
> *notre nouveau logis.*

TA CLO QUI T'EMBRASSE FORT

JEUDI 17 MARS 1892

Mon cher Ami, (*Alfred de Berlantier*)

J'espère que votre voyage vous apporte la griserie que vous en attendiez, et que la beauté de l'Italie compense bien l'absence de vos amis les plus chers – dont j'espère bien faire partie.

De mon côté, peu à vous dire, si ce n'est que nous nous plaisons bien rue de la Forge Royale. Vous aviez raison, ce déménagement fut salutaire, et votre aide dans tout cela est des plus appréciées. Notre chère Maman me prie de vous transmettre ses amitiés et sa gratitude.

Je suis aussi heureuse d'avoir enfin un coin à moi, en attendant d'avoir une chambre où je pourrai travailler ma harpe ou dessiner et écrire sans gêner personne. Mais Edouard dit que je deviens si exigeante qu'aucun homme ne voudra de moi… L'inverse est-il vrai ? Mon gentil frère trouvera-t-il une femme prête à le prendre tel qu'il est, si l'on considère qu'il a eu une pièce tout à lui dès notre installation rue Saint-Bernard, en 82, alors qu'il avait à peine 16 ans ? Il faut dire à sa décharge que c'était aussi son atelier, et qu'on trouvait sciure et copeaux jusque dans son lit ! Un des charmes de la sculpture probablement. Maintenant, il peut travailler tard le soir dans l'atelier et monter à sa petite chambre sans nous réveiller.

Maman apprécie aussi de ne pas avoir à partager avec moi la table de la salle lorsqu'elle s'affaire à ses travaux de couture. Pour ma part, la petite table à battants (signée Jean-Louis Loeven) que vous aviez trouvée fort jolie et le beau paravent que vous m'avez donné me suffisent.

Je dois maintenant vous quitter pour livrer quelques vêtements à des clientes. J'en profiterai pour poster cette lettre au plus vite.

Faites pour moi une prière à Sainte Marie (pardon : Santa Maria Novella) quand vous irez admirer les fresques de Filippo Lippi, en son église !
Votre amie
CLOTILDE

PS : Je vous pense à Florence mais, si vous êtes déjà parti pour Rome, je compte sur le portier de l'hôtel pour faire suivre cette lettre.

⁂

MERCREDI 30 MARS 1892
Bien cher Vous, (*Alfred de Berlantier*)
Vous vous êtes fait fort discret ces deux dernières semaines; n'avez-vous pas reçu ma lettre du 17 ? Ou bien êtes-vous trop pris par les beautés italiennes (artistiques s'entend...) ?

Mais je ne vous écris pas pour vous gronder, mais pour vous faire part d'une très GRANDE nouvelle. Nouvelle qui secoue la vie de mes cousins d'Argis. Avez-vous deviné ? Alphonse s'est fiancé. Oui, le mariage aura lieu à la mi-octobre ! Inattendu ? Certes, mais la jeune fille est plutôt jolie et d'une famille tout à fait recommandable ! Alphonse vous avait peut-être fait part de son désir de se marier, mais ne m'en avait rien dit. J'ajouterai que, du haut de ses 35 ans, il me considère un peu comme une gamine. Et pourtant la future épouse aura tout juste 22 ans début avril ! Je suis enchantée à l'idée d'avoir une cousine de mon âge.

Le père de l'heureuse élue est négociant et possède de nombreuses propriétés, dont une, justement, rue du Ranelagh. Donc, Jeanne est un très bon parti. Elle est aussi très douce et, au fond, assez timide pour accepter le caractère plutôt tranché de notre Alphonse. Je me réjouis pour eux.

Voici donc le premier des quatre frères casé en quelque sorte. Tante Caroline est heureuse à l'idée de voir Alphonse en état d'assurer la continuité du nom de feu son cher époux. Espérons que Paul, mon jumeau pour ainsi dire, qui est déjà un peu gradé chez les Dragons, fera lui aussi une belle carrière qui lui vaudra, comme à son père, la Légion d'honneur ! Alors, lui aussi trouvera une Jeanne bien fortunée et tout aussi impatiente de l'épouser.

Après ce beau début, je ne doute pas que Jules, qui fêtera ses trente ans juste à temps pour le mariage de son frère, suive le chemin brillamment tracé par son aîné. Qui pourrait d'ailleurs résister à son charme ? De plus, je l'imagine choisir une épouse plus âgée que lui car il aime prendre les chemins interdits, surtout si l'élue est assez riche pour que sa fortune « en vaille la chandelle » (j'aime beaucoup cette expression, surtout dans un contexte où les paris ne sont pas rares).

Pour Henri, les choses sont un peu plus compliquées. N'est-ce pas vous qui m'avez dit que, malgré ses brillantes études de médecine, on ne l'engage pas dans les cliniques parisiennes un peu huppées, à cause du scandale suscité dans certains milieux par ses deux derniers romans ? J'avoue ne pas les avoir lus : la sodomie est un sujet tabou autour de nous, bien que Fourier et Proudhon aient tenté d'en normaliser la pratique, comme vous le savez sans doute.

J'ai quelques travaux à terminer pour demain, donc je vous laisse à vos avouables ou inavouables occupations. Cependant j'espère bien avoir été la première à vous annoncer cette remarquable nouvelle ! Qu'en dites-vous, vous qui êtes si fier d'avoir évité les écueils du mariage, jusqu'ici ?...

> *Je vous embrasse, et sachez que j'attends un petit mot de vous avec impatience !*

CLOTILDE

MARDI 7 JUIN 1892

Ma très chère Eugénie,

Ta carte est arrivée à temps : elle a pu trôner hier sur ma petite table avec cinq autres, alors que notre famille se réunissait pour fêter Sainte Clotilde, et me gâter ! Mais avant de te décrire cette soirée très agréable, je veux te dire combien j'apprécie tes lettres, tes cartes, et bien sûr, tes bons vœux !

Puisque tu insistes pour avoir quelques détails sur ma journée de « sainte », je te dirai qu'elle commença tôt car Edouard m'apporta dès 9 heures un très beau bouquet d'anémones entremêlées de petites branches de seringat en fleur qu'il était allé chercher chez la fleuriste de la place d'Aligre. En quelques minutes, la délicieuse senteur de ce bouquet se répandit dans tout l'appartement, et notre salle en est transformée ! Maman aussi en sourit de plaisir.

Vers midi, la concierge est montée pour me donner mes lettres, qui étaient en fait arrivées hier ou avant-hier, mais Maman avait sans doute orchestré cette remise de courrier « à la bonne heure »... Puis, en fin de soirée, Tante Caroline et mes cousins, Jules et Paul, sont venus avec un beau gâteau que nous avons dégusté, accompagné d'un muscat très doux que Jules se procure chez son petit épicier au coin de la rue des Carmes, là où nous avions trouvé ces confitures de mûres si délicieuses que nous avions fini le pot le jour même; t'en souviens-tu ?

La conversation fut animée et drôle. Et effet, en levant son verre pour « me fêter », mon cousin, Jules, proposa de m'accompagner à la basilique Sainte-Clotilde pour assister à la messe dimanche matin. Ce serait, selon lui, la meilleure façon de célébrer ma fête ! J'y vois surtout la preuve de son humour; lui qui ne va dans les églises que pour les mariages et les enterrements ! Mais Maman, en bonne catholique, trouva l'idée très tentante. Il faut dire que cette basilique est très belle et vaut bien une visite accompagnée d'une messe surtout un jour de Pentecôte. J'ai dit à Jules que je pourrais certainement le prendre au mot, si ce n'était la distance… En effet, la rue Las Cases n'est pas à deux pas de notre Faubourg. Paul mentionna le fait que nous aurions moins de difficultés à trouver de la place dans les omnibus, le dimanche. Jules, en grand seigneur, proposa que nous prenions un fiacre, à ses frais. C'est bien là sa générosité ! Encore un beau jour en perspective pour ta Clotilde.

Pour conclure, je dois dire que je fus très gâtée par tous ceux que j'aime, et cela grâce à cette admirable sainte dont j'ai le bonheur d'avoir reçu le nom. Mais je n'ai pas encore rencontré de Clovis à marier, puis à convertir; ce sera peut-être pour la prochaine fois.

Et toi, as-tu revu ce Monsieur Pierre au charme irrésistible ? Dis-moi vite !

> *Je t'embrasse et te souhaite un dimanche mémorable,*
> *bien que ce ne soit pas encore ta fête !*
> TA CLO

Cher Oncle Louis,

Comment vous remercier de votre générosité ? Vous avez tant de neveux et petits-neveux dans cette famille, et pourtant vous avez pensé à moi et m'avez gâtée plus que je ne le mérite ! Cette séance de photographie était des plus inattendues ! Je joins à ma lettre le portrait que votre ami fit de moi dans son superbe studio. Avouez que c'est une bien jolie photo ! J'y ai l'air si sage, mais « ne vous fiez pas aux apparences » dit Edouard qui me taquine sans cesse depuis hier. Merci donc, merci mille fois pour ce beau cadeau d'anniversaire, mais aussi pour être si présent dans nos vies, malgré la distance.

Vous ne nous dites pas comment va votre santé, ni comment s'organise votre vie maintenant que vous avez rendu votre écharpe de maire. Lumbres et sa mairie doivent déplorer votre absence, car vous avez tant fait pour vos administrés et votre commune ! Mais vous, regrettez-vous votre poste et ses responsabilités, ou bien profitez-vous de vos loisirs pour peindre davantage ? Pensez-vous écrire encore quelques livres de pédagogie ?

Bien sûr, Maman et moi prions pour que la vie vous apporte encore de doux moments et que votre gouvernante s'occupe de vous du mieux possible. Nous espérons aussi que vous passez de longues soirées chez vos amis les Deherly. Ce sont des gens si charmants ! Vous voudrez bien leur présenter nos bonnes pensées. Il n'en reste pas moins que Tante Emilie doit vous manquer terriblement; nous pensons beaucoup à vous, et à elle !

Avant de clore, je dois vous dire que la dernière phrase de votre lettre me laisse quelque peu rêveuse : est-ce un si grand événement que d'avoir 20 ans ? Est-ce un moment si précieux ? Vous qui avez une longue et riche expérience des êtres et des choses, pensez-vous que je vécus hier l'un des plus beaux jours de ma vie ? J'espère bien que non car, pour tout dire, je me sens plutôt triste. C'est que, voyez-vous, mon anniversaire suit de très près l'anniversaire de la mort de ma grand-mère Clotilde – vous vous souvenez sans doute que celle-ci est décédée une semaine avant ma naissance – un anniversaire qui plonge toujours Maman dans la tristesse. Du moins c'est ce qu'elle dit. Je crois plutôt que le départ de Papa, il y a maintenant dix ans, est la cause de cette mélancolie que je partage d'ailleurs : aucun de nous ne s'est encore tout à fait remis de sa désertion… Oh ! Que les hommes peuvent être cruels parfois !

Mais je devrais suivre votre exemple et être plus optimiste, plus consciente des bienfaits de tous à mon égard, plus reconnaissante. J'ai le bonheur d'être aimée, d'être gâtée comme une petite fille. Et puis, il y a toutes les beautés de ce monde : la musique, la peinture… Alors, vous avez raison, c'est beau d'avoir 20 ans !

Avec toute mon affection et ma reconnaissance,
VOTRE CLOTILDE

P.S. : Je me permets de joindre cette petite photo d'Edouard prise en mars dernier, la veille de se 26 sans. Grace à sa petite moustache, mon « grand » frère ressemble de plus en plus aux Loeven ! Qu'en pensez-vous ?

*Edouard
Loeven à
26 ans.*

Clotilde en 1902, photographie prise pour célébrer ses trente ans

Chapitre II
Des Amours peu conformes

∽

Mon cher, mon très cher Ami, (*Alfred de Berlantier*)

Pardonnez-moi d'entrer si vite dans le vif du sujet, mais je ne peux attendre plus longtemps pour partager avec vous tout ce qui m'agite ce soir : je viens de passer l'après-midi le plus miraculeux qui soit. J'en sors transportée par la beauté, la beauté même, la beauté inouïe. Je dois vous dire tout de suite que mon excitation tient en un nom : Gabriel Fauré.

Avant de poursuivre, je tiens à vous dire Grand Merci, car c'est grâce à vous si je joue pour le chœur de la Madeleine, depuis treize mois maintenant !

Pour ce qui est de cette étonnante nouvelle : sachez que, hier, notre Maître de Chapelle avait demandé à la maîtrise et aux instrumentistes de se réunir de toute urgence aujourd'hui vers une heure de l'après-midi. Lorsqu'il vit que tout son monde s'était groupé autour de lui dans la chapelle de l'Est, il nous annonça que son « petit » Requiem était remanié, enrichi, pratiquement terminé. Il y avait travaillé avec furie, et nous devions nous mettre à piocher nos partitions aussitôt, car il voulait présenter son œuvre le 21, c'est-à-dire dans trois semaines ! Imaginez notre ahurissement, notre panique, vraiment ! Nos visages durent lui en dire long car, sans ajouter un mot, il s'est assis au petit orgue derrière le chœur et joua le quatrième mouvement, « Pie Jesu », lequel est le plus à même de nous séduire, de nous convaincre. C'est alors que mon âme s'est envolée. J'ai tout simplement perdu la notion du temps. Et pourtant c'est un morceau qui ne dure que quelques minutes. Quand l'orgue se tut, nous étions tous suspendus, incrédules : comment avait-il fait pour ainsi nous enchanter, au sens littéral du terme, en jouant sur cet instrument au demeurant assez médiocre ? C'est cela le génie de Fauré. Il nous mène toujours à la limite de l'entendement.

Certains des instrumentistes et des chanteurs de la maîtrise avaient un air entendu et se regardaient en souriant : eux avaient participé au grand évènement, il y a cinq ans : c'est-à-dire au concert du 16 janvier 88. Oui, vous vous souvenez peut-être que Fauré avait joué la première version du *Petit Requiem* pour les funérailles de M. Le Soufaché, cet architecte assez en vue à l'époque. Nous assistions à cet évènement avec les d'Argis, et je me souviens que Tante Caroline s'étonnait de l'absence de violons dans l'orchestre J'étais captivée par ce requiem et le violon ne me manquait pas car je fixais mon attention sur le travail de la harpiste !

Mon Dieu, je n'étais pas beaucoup plus âgée que la plupart de nos petits chanteurs d'aujourd'hui ! D'ailleurs j'appris, cet après-midi, que Louis Aubert, qui maintenant porte des favoris à défaut de barbe, et qui n'avait alors que dix ou onze ans, en fut le soliste (il avait encore sa voix de soprano) – vous savez qu'on préfère toujours les voix de garçonnets à celles des femmes, à la Madeleine… Quand cela changera-t-il ? Mais il ne faut pas que je me plaigne, puisqu'on y apprécie ma façon de jouer de la harpe !

Mais revenons au Requiem qui selon Fauré ne dure en fait que trente cinq minutes, soit pratiquement cinq minutes par mouvement. Oui, je simplifie, mais ce qui compte, c'est que le Maître veut donner la primauté aux cordes graves plutôt qu'au violon (on en compte un seul dans cet orchestre de dix-huit instruments). Ainsi il souligne la gravité du moment, et met en avant les voix des sopranos et des altos bien appuyées sur les violes, les violoncelles et la contrebasse. Il va sans dire qu'il fait une large place à l'orgue pour soutenir le chœur mais c'est la harpe qui encadre le mieux la voix du jeune soliste dans le quatrième et surtout le septième mouvement, le « Paradisium ». Oui, c'est véritablement un peu du paradis qui entre en vous à l'écoute de ce mouvement si incroyablement capable de vous élever jusqu'à Dieu !

Et quelle place est faite aux voix si pures des petits chanteurs ! Vous seriez transporté, vous le circonspect, vous le rationnel, vous le distant. Et puis la harpe a son mot à dire ! Ainsi, si vous prêtez bien l'oreille et n'êtes pas trop distrait par les violoncelles, vous entendrez mon accompagnement. J'y mettrai toute la douceur dont je suis capable, mais aussi de la fermeté, car il faut être perçue, il faut tenir sa place dans les interstices, il faut contribuer sans faillir à cette harmonie de tous les instants. Que ce « Pie Jesu » soit une aria bouleversante n'est donc plus à démontrer; et que ces « Paradisium » et « Libera » soient tout à fait inusités dans les requiem écrits jusqu'à ce jour ne fait aucun doute; c'est là la surprenante beauté de cette œuvre. Mais c'est aussi la cause de l'inquiétude qui me taraude : saurons-nous, en si peu de temps, faire justice à cette œuvre magnifique ?

Oh ! mon cher ami, je voudrais tant que vous soyez en ce moment près de moi pour saisir, pour partager ce ravissement qui est le mien à la seule pensée de ce que j'ai entendu cet après-midi, et qui va me soutenir jusqu'à notre concert et, j'espère, au delà. Dites-moi vite que vous serez présent le 21 janvier. Je vais me mettre maintenant au travail car, si ma partition n'est pas écrasante, il me faut jouer superbement et ne pas démériter de la confiance que notre Maître a en moi, en nous tous d'ailleurs !

J'attends avec impatience votre cher message. Ne me faites pas trop languir !

Votre, comme toujours,

CLOTILDE

Mon Eugénie,

Oui, tu as raison, tout se passa merveilleusement bien. J'en suis encore toute époustouflée. Ce requiem est tout simplement magnifique. On dit autour de nous que cet évènement restera à jamais dans la mémoire de tous ceux qui étaient présents. Donc, je comprends que tu sois très fière de moi pour y avoir mis ma marque.

Cependant, je perçois quelque chose de plus profond, de plus insaisissable dans cette euphorie. En effet, il y a au centre de ce succès, de cette fierté qui m'habite, un sentiment d'humilité car cette beauté créée par un homme et quelques musiciens, possède une autre dimension : elle est au fond, quelque part, la preuve d'une intervention divine. Venant d'une « bonne » catholique, cette conclusion ne t'étonnera pas mais, c'est en fait, pour moi, le seul moyen d'expliquer notre enchantement – au *vrai* sens du terme.

Aurai-je le bonheur de vivre une autre fois un moment de cette qualité ? Sans doute, si j'ai la chance de rester pour quelques mois encore parmi les instrumentistes de notre grand Fauré. Prie pour moi, mon amie…

Et j'en ferai de même pour que ton « amitié » envers Pierre soit tout à fait partagée. A ce propos, as-tu osé parler à tes parents des sentiments que tu lui portes ? Dis-moi vite.

Je t'embrasse tendrement,

CLO

Ma très audacieuse Amie,

Je m'émerveille de ta capacité à convaincre ceux qui t'entourent. Oui, comment ta maman aurait-elle pu refuser de te soutenir auprès de ton père en vue de toutes les raisons que tu leur as données pour qu'ils veuillent bien rencontrer ton irrésistible Pierre ?

Je crois, tout comme toi, que tes parents ne seront pas insensibles à son charme évident. Mais c'est plutôt ses origines artésiennes, son appartenance à la bourgeoisie locale et ses fonctions dans l'administration qui les convaincront. Donc ne t'inquiète pas car, même si ce ne sont pas tes parents qui l'ont « trouvé », Pierre correspond tout à fait à l'homme qu'ils cherchent pour leur adorable fille. De plus, c'est grâce à ton oncle que tu l'as rencontré. Ce qui mène à penser que cette situation n'est peut-être pas fortuite. Peu importe. Ce qui compte, c'est que tu aies la chance de devenir la compagne de l'homme que tu dis aimer à la folie !

« Aimer à la folie » voilà une expression qui laisse à penser que si l'on aime profondément cela mène à la folie – ce que je ne saurais réfuter, car au fond, qu'est-ce que l'amour ? Selon nos parents, c'est un sentiment qui s'oppose à la raison, la réflexion, souvent même à la logique et surtout à la prudence… Mais je veux y voir un chemin qui est supposé nous mener au bonheur, à la félicité. Ne ris pas, et sache que ce qui est essentiel c'est que tu vives pleinement ces moments de bonheur.

Je joins mes prières aux tiennes pour que tout aille comme tu le désires lundi prochain. Et bien sûr, j'attends avec impatience que tu me dises dans le détail comment se sera passée cette rencontre.

Ta Clotilde très enthousiasmée par cette affaire !

Ma chère Eugénie,

Quel bonheur de lire ta lettre si pleine de promesses ! Je peux à peine imaginer ton émoi, ton euphorie. En effet, que tes parents aient trouvé Pierre à leur goût n'est pas surprenant, mais qu'ils acceptent que vous vous fianciez dans trois mois est une nouvelle des plus surprenantes !

Nos prières furent efficaces, comme dirait maman (car elle veut toujours voir dans le bonheur un don du Ciel).

De mon côté, pas de fiançailles, mais beaucoup d'exaltation car je suis toujours aussi emballée par ma participation aux messes et autres concerts de la Madeleine. Cela ne t'étonne sans doute pas. De plus, mon travail chez Blanchet n'est pas trop accaparant, ce qui me permet de travailler mes partitions et de dorloter ma harpe avec le plus grand plaisir. Ce que tu sais déjà. Mais voici une nouvelle qui va t'amuser : le dîner dimanche dernier, chez les Renault, fut des plus intéressants, grâce aux discussions hardies des trois frères et de leur ami Jean-Louis Leroy – Eh oui, qui aurait imaginé que nous nous reverrions deux ans après notre rencontre à Blois ? Je ne dirais pas que le monde est petit, mais sachant aujourd'hui que les Leroy sont très amis des Renault et des Poulain, il est possible que cette rencontre ne soit pas fortuite – quoi que Jean-Louis ait semblé fort étonné (mais « heureux ») de me revoir. Au moment de nous quitter, il proposa de m'inviter à déjeuner avec quelques amis dans son restaurant préféré, le Zimmer, place du Châtelet – si cela me convenait. Nous verrons s'il tient parole. A vrai dire, je suis plutôt contente de cette proposition.

Je te raconterai la suite de cette nouvelle « aventure » si tant est qu'elle se poursuive. En attendant donne-moi des détails sur la grande célébration à venir...

Ta Clo qui t'embrasse bien fort

✍

Mon cher Ami, (*Alfred de Berlantier*)

C'est une bien mauvaise nouvelle que je dois vous annoncer : Tante Caroline est décédée hier soir vers dix heures. Oui, vous imaginez notre stupeur et comprendrez la brièveté de ma lettre. Un faire-part vous sera envoyé, dès lundi, mais je veux vous donner quelques détails pour que vous puissiez être plus proche de nous par la pensée.

Vous savez que notre chère tante n'allait pas très bien cet hiver et que sa santé s'était dégradée vers la mi-mars. Cependant, malgré cette toux persistante, nous espérions qu'elle se rétablirait avec la venue du beau temps. Hélas, Dieu en avait décidé autrement…

Toute la famille est profondément bouleversée, mais se concentre sur les démarches, les faire-part, les détails des funérailles et de l'enterrement, repoussant ainsi de quelques jours le véritable choc que la perte de ceux que nous aimons suscite.

A propos des funérailles, le service religieux aura lieu bien sûr en l'Église Notre Dame de Grâce. Selon les souhaits de Tante Caroline, nous avons demandé que la maîtrise joue le dernier mouvement du *Requiem* de Berlioz au cours de la messe chantée.

Avec son départ, c'est toute une génération qui ainsi disparaît. Malgré leurs différends, Maman n'est pas la moins touchée car elle admirait beaucoup sa tante : elle lui enviait sa détermination, son optimisme, son assurance tranquille. Nous avons d'ailleurs tous bénéficié de cette vision rassurante que Tante Caroline avait du monde. Elle savait nous redonner espoir quand nous étions en détresse et doutions des autres et de nous-mêmes. C'était une Grande Dame à qui je dois beaucoup : notre rencontre entre autres.

> *Tant de regrets m'accablent ! Ecrivez-moi vite, mon*
> *Ami, pour me consoler un peu de cette perte cruelle.*

VOTRE CLOTILDE

༄

LUNDI 24 JUILLET 1893

Mon Amie,

Je ne suis pas surprise d'apprendre de toi que cette fête qui célébrait tes fiançailles fut magnifique. Elle sera aussi inoubliable ! J'attends donc avec grande impatience de voir les photographies prises à cette occasion.

Il faut te dire qu'Edouard a beaucoup ri quand je lui lus le commentaire de Pierre que tu me rapportas si fidèlement, concernant les fastes de votre repas. En effet, ni mon frère ni moi n'avons eu, jusqu'ici, l'honneur de partager le déjeuner de notre Président de la Chambre des Députés. Nous ne pouvons donc pas juger de la justesse de cette « déclaration » spontanée qui assura à vos invités que ce fastueux repas dépassait de loin, par la qualité des mets et des invités, celui offert par Casimir Périer aux très hauts fonctionnaires de notre République, comme tu le dis si bien. D'ailleurs, je doute que son épouse ait une cuisinière (ou un cuisinier) comparable au grand chef du Chanzy.

Ma tristesse de n'avoir pas été auprès de toi pour cet événement est compensée par le grand succès de notre concert de dimanche. Mais je te promets d'être présente à ton mariage, quelle qu'en soit la date.

Je dois dire aussi que Monsieur de Berlantier et Jean-Louis Leroy (eh oui !) étaient parmi les nombreux spectateurs. Je te parlerai de cette « coïncidence » très bientôt.

Avec tous mes compliments et mes affectueux baisers,
CLOTILDE

MARDI 1ᴱᴿ AOÛT 1893

Ma très chère Eugénie,

Je t'ai promis « d'éclairer ta lanterne » pour ce qui est de la présence de Monsieur de Berlantier et de Jean-Louis Leroy à notre concert de la semaine passée. Ne t'inquiète pas, je ne suis pas le singe de Monsieur de Florian (bien que j'adore cette fable et bien sûr la chanson !).[2] Donc, il s'avère que ces deux messieurs se connaissent depuis des années grâce à leurs amis communs : les Renault et les d'Argis. De plus, Alfred de Berlantier s'intéresse beaucoup aux travaux de mécanique que poursuit Jean-Louis, lui aussi féru d'automobile – ce qui le rapproche du fils Renault. Par ailleurs, mes cousins sont très liés aux Berlantier par leurs origines jurassiennes, et Jean-Louis, comme tu le sais, est natif du Val-de-Loire, tout comme les Renault. Eh oui ! Tu vois à quel point la haute bourgeoisie et la petite noblesse fusionnent dans notre belle capitale ! La présence de ces deux hommes à notre concert n'est donc pas surprenante.

Mais pour en venir à ce qui t'intéresse vraiment : je ne vois pas de conflit dans mes relations avec ces deux hommes, car ils occupent une place très différente dans ma vie et dans mon cœur ! Alfred est pour moi un ami, un soutien, un conseiller. Je crois qu'il éprouve de l'affection pour moi, mais rien de plus que je puisse discerner. S'il a des sentiments plus profonds, il les cache bien ! Je crois en fait qu'il me considère un peu comme une petite sœur, lui qui est de 15 ans mon aîné. Les raisons de ces sentiments ne sont pas claires, mais je ne vais pas lui demander de m'en expliquer la source, de peur d'obtenir, peut-être, une réponse qui m'embarrasserait...

Pour ce qui est de Jean-Louis, sache que, tout comme toi, je croyais avoir oublié cette amourette. Plus de deux ans déjà; oui, nous étions bien candides : c'était notre premier « grand » bal; notre première échappée vers le « grand » monde; et notre premier voyage en cette belle ville de Blois (et le seul jusqu'ici) ! Ce fut aussi la découverte de notre pouvoir de séduction ! Ces jeunes hommes charmants et attentifs nous ont plu dès le premier regard, et il nous fut aisé de croire à leurs compliments ! Cependant nous avons été assez sages pour résister à leur désir évident bien qu'inavoué... Et cette sagesse te permit d'être aujourd'hui l'heureuse fiancée d'un Pierre adorable. Je suis, pour ma part, libre de reprendre les choses où je les ai laissées, mais sans les tabous et limites alors imposées par nos parents et nos peurs. Irai-je au delà de l'amitié amoureuse avec cet homme plein de charme si tant est son désir ? J'en ai peur, mais pourquoi pas ? Peut-être voudra-t-il faire de moi son épouse ?... En attendant je reste réservée et observe les distances que nous impose la bienséance.

Voici ma chère amie où en sont les choses. Ai-je satisfait ta curiosité ? Nous pourrons parler de tout cela lors de ta venue à Paris le 2 septembre; les choses seront alors, peut-être, plus claires pour moi aussi... Inutile de te dire comme je t'attends avec impatience !

Je vais te laisser pour me remettre à travailler au dessin (un mélange harmonieux de fleurs des champs) que je dois envoyer à la Maison Furnion, avant la fin de la semaine.

Ta Clo qui t'embrasse fort

ℰ⅁

Ma si chère Amie,

Il me faut absolument te raconter, ou plutôt partager avec toi ma propre expérience concernant l'événement dont parlent tous les journaux aujourd'hui. Oui, tu as deviné : les obsèques « nationales » de Charles Gounod ! Tu ne seras pas étonnée d'apprendre que notre église ouvrit tout grand ses portes pour célébrer ce glorieux musicien. Te souviens-tu du plaisir que nous avons partagé en écoutant sa *Messe à la Mémoire de Jeanne d'Arc*, à l'église Saint-Eustache, il y a maintenant quatre ans ? Quel dommage qu'il nous ait quitté si vite – enfin pas vraiment vite puisqu'on m'a dit qu'il avait déjà 75 ans ! Cependant, ce qui doit le rassurer c'est que ses œuvres sont là, bien gardées sur leurs partitions. Le travail du musicien disparaît après chaque concert (même s'il reste dans notre mémoire), alors que celui du compositeur survit assurément ! Tout comme le travail du peintre grâce à ses toiles ! C'est peut-être pourquoi je m'attache tant au dessin…

Mais venons en à aujourd'hui. Imagine, mon amie, imagine une église comble, une quantité incroyable de fleurs magnifiques, une messe des plus solennelles, Saint-Saëns au grand orgue et Fauré dirigeant magnifiquement la maîtrise. Imagine, le service magistral de notre curé dont la voix possède une musicalité peu commune. Un service reposant sur la *Messe Grégorienne des Défunts*. Puis, imagine, trois eulogies des plus émouvantes de la part de grands personnages du monde des Arts que nous admirons tant : Jean-Léon Gérôme, Ambroise Thomas, toujours président du Conservatoire, et enfin Saint-Saëns lui-même, car il fut un grand ami de Gounod apparemment ! Imagine cet auditoire fasciné, puis transporté par « notre » *Requiem* en fin de messe. Eh oui, qui eut cru que nous aurions le bonheur de le rejouer cette année et en ce lieu ! Un moment des plus beaux, des plus touchants.

Il est bien dommage qu'il ait fallu un enterrement, des pleurs et des regrets pour vivre ces moments magnifiques ! Tu me diras que les requiem sont évidemment composés pour donner aux défunts le repos qu'ils méritent, et aussi pour consoler les vivants...

Voilà, mon amie, de quoi te rassurer sur mon état d'esprit, d'autant qu'un petit dîner, lundi soir, au Zimmer avec Jean-Louis, explique pour beaucoup cette bonne humeur. Mais je te parlerai de cela dans quelques jours, car je dois le revoir en fin de semaine.

> *Je t'embrasse bien fort,*
> TA CLO

ↄ⁙

PARIS, LE 8 JANVIER 1894

Mon Eugénie,

Quel plaisir d'avoir pu partager ces deux beaux jours en ta compagnie ! J'espère que ta grand-mère ne se sentit pas trop abandonnée... Elle doit bien comprendre que plus tes passages à Paris se font rares, plus elle doit les partager avec tous ceux qui t'aiment tant ! Or nous sommes nombreux...

Merci aussi pour les détails concernant mon voyage à Arras. Arriver mercredi 17 me semble une bonne idée; j'aurai ainsi un peu de temps pour « m'acclimater » comme tu le dis si bien. Sache que j'apprécie beaucoup d'être une de tes demoiselles d'honneur. Je ferai de mon mieux pour remplir mon « devoir » comme il se doit.

Maman termina les dernières petites retouches de mes robes, hier soir. Tu peux donc être rassurée. De plus voici un détail amusant : alors que j'essayais la robe de soirée, Edouard entra et dit, sur un ton des plus admiratifs, que je devrais poser pour Charles Frederick Worth. Maman lui dit que je n'étais pas un « sosie » ! Et que les défilés de mode conduisent sûrement à la prostitution. Il est clair qu'elle apprécie peu les couturiers et leur mainmise sur une profession qui, jusqu'ici, appartenait amplement aux femmes !

Mais il me faut mettre cette petite lettre à la poste avant 6 heures, car le 19 janvier arrivera bien vite, même si le temps nous semble long, vu notre impatience !

> *Mille gros baisers,*
> CLOTILDE

PARIS, LE 9 FÉVRIER 1894

Mon cher Auguste,

Voilà bien longtemps que nous n'avons eu de tes nouvelles, et tes parents semblent ne pas en avoir beaucoup non plus. Donc, dis-nous vite comment va ta vie dans cette ville grise de Londres.

De ce côté-ci de la Manche, les choses se passent plutôt bien. Edouard est en train de terminer la dernière chaise de la salle à manger dont tu admiras le travail original et soigné. Maman est très fière des talents de son fils et est impatiente d'inviter toute la famille autour de cette belle table qui, avec ses deux rallonges, pourra facilement accueillir dix personnes. Moi, ce qui me semble le plus remarquable, c'est la simplicité des portes du buffet qui permet d'apprécier la beauté du bois de chêne : pas de sculptures compliquées, mais un travail précis de carrés en relief. Il a aussi beaucoup travaillé les pieds de la table, alors que ceux-ci attirent rarement l'attention. Mais tu connais le goût d'Edouard pour la perfection…

Par ailleurs, rien de bien neuf dans sa vie ni dans la mienne quoique je sois très occupée. Après mes longues journées chez Blanchet, j'aide Maman autant qu'il m'est possible car elle est un peu fatiguée. Cependant je réserve quelques soirées pour travailler, avec grand plaisir, sur mes dessins. J'ai en effet plusieurs commandes de la maison Furnion. Mais ne t'inquiète pas, je ne délaisse pas ma harpe !

Il me faut aussi te dire, pour te rassurer que j'ai bien tenu mon rôle de demoiselle d'honneur au mariage d'Eugénie. Ce fut un événement magnifique, et je ne suis pas tombée dans les bras du garçon d'honneur qui me fut assigné : n'aie crainte !

Nos jeunes mariés viennent tout juste de rentrer d'un magnifique voyage de noces en Italie. Je te montrerai photos et cartes postales lors de ton retour à Paris, toi qui aimes tant ce pays. En attendant je dois me remettre au travail; je te quitte donc en te souhaitant une semaine intéressante et beaucoup de clients sérieux qui apprécient, comme il se doit, les beaux meubles français que tu leur proposes.

Maman se joint à moi pour t'embrasser bien fort.
CLOTILDE

છે

SAMEDI 10 MAI 1894

Ma très chère Amie,

Je lus ta lettre avec grand plaisir, d'autant que vous semblez maintenant bien installés dans votre belle maison arrageoise. Je me réjouis aussi de savoir que Pierre garde son poste à la préfecture, même si j'aurais préféré que vous veniez vous installer à Paris. Peut-être cela sera-t-il possible dans un an ou deux…

Mais tu sais tout cela. Je vais donc te parler d'autre chose. En premier lieu, merci, merci mille fois pour les superbes photos et les cartes postales; je pus ainsi vous suivre dans votre merveilleux voyage de noces ! Je n'ose penser qu'un jour je pourrai, moi aussi, t'envoyer des cartes des lieux que j'explorerai avec l'homme de ma vie... Cette pensée me mène à te dire quelques mots sur les évènements récents concernant mes relations avec Jean-Louis.

Il vient fidèlement m'attendre à la sortie de l'église de la Madeleine lors de nos répétitions en fin d'après-midi. Il m'emmène ensuite soit dans le beau salon de thé de la Place de la Madeleine qui propose des gâteaux délicieux, s'il n'est pas encore 7 heures, soit dans un petit restaurant calme et élégant, de la rue Tronchet, pour dîner. Nous parlons de choses et d'autres, nous échangeons nos idées sur les évènements du jour. Il me parle de sa vie, de sa passion pour la mécanique; je lui décris mes dessins, les tendances de la mode, mais je reste évasive sur mes attentes, ma vision de l'avenir. Et surtout je ne lui pose pas de question sur le destin de notre relation. En fait nous nous « apprenons », si j'ose dire... Je dois avouer que j'apprécie sa réserve, tout autant que ses attentions.

Voilà, ma chère amie où j'en suis, pour l'instant. Mais je dois te quitter pour aider Maman : nous attendons mes cousins Guyot qui se joindrons à nous pour diner.

> *Je vous souhaite, à tous deux, un magnifique mois de*
> *mai et t'embrasse très fort,*
> Clotilde

PARIS, LE 15 JUIN 1894

Ma chère Eugénie,

Juste un mot très bref pour te dire que ta grand-mère partagea, hier, avec moi cette grande nouvelle : Bravo, bravo !

Elle m'a dit être très heureuse que Pierre et toi soyez engagés sur ce chemin dès maintenant car elle pourra avoir « cet immense plaisir de rencontrer ce petit être avant de nous quitter ! » A vrai dire elle me paraît en bonne santé et ne montre pas son âge, ce qui me mène à penser qu'elle sera encore de ce monde bien après le mois de décembre... Mais j'avoue avoir été très touchée par son enthousiasme – que je partage ! Quoique je ne me voie pas dans ta situation – n'étant pas l'épouse de ton adorable mari ! En fait, je suis sûre que Pierre et toi êtes très heureux de ta condition, même si une grossesse n'est pas toujours facile à vivre. Je te souhaite donc une très bonne santé pour ces six mois à venir, et me réjouis aussi de vous voir dans deux petites semaines.

Je te laisse pour me rendre à l'hôtel Drouot où je vais accompagner et « guider » mon ami, Alfred de Berlantier.

Je ne sais si tu as appris le décès de Philippe Parrot, cet excellent portraitiste, il y a maintenant un mois. Ses œuvres seront vendues aux enchères cet après-midi. Alfred compte en acheter quelques unes, et désire mon avis.

Cet après-midi devrait être des plus intéressants. Je ne doute pas que le tien le sera tout autant !

> *Je vous embrasse, tous les deux, très affectueusement,*
> TA CLOTILDE

⁙

LUNDI 1 OCTOBRE 1894

Mon cher Ami, (*Alfred de Berlantier*)

Quelle belle soirée ! Comme vous m'avez gâtée ! Ce dîner au Grand Véfour fut tout simplement divin ! Je suis encore tout épatée par la saveur de ces plats délicieux, l'élégance du lieu et l'impeccable tenue du maître d'hôtel ! Et ces fleurs magnifiques que vous avez si généreusement distribuées aux dames de notre compagnie : était-ce une façon de vous faire pardonner auprès de ces dernières l'attention continue que vous me prodiguiez ?

Je voudrais m'attarder aussi sur la brillante conversation que vous avez si adroitement dirigée… mais autre chose m'occupe et même me préoccupe à l'instant. En effet, j'ai promis à notre bon curé de vous parler de la réparation à faire, en toute urgence, à l'ange trompettiste qui orne la partie supérieure de l'orgue de notre Eglise de la Madeleine. Vous savez qu'un grand concert se prépare, et nous voulons que tout soit resplendissant en l'honneur de notre grand Massenet.

Oui, vous avez bien lu, il se fait que Fauré décida que nous jouerions trois œuvres du grand maître dont *la Symphonie en F* et plusieurs passages de *Thaïs*, notamment « La Méditation ». Vous vous souvenez du bonheur que nous eûmes à écouter ce magnifique opéra en mars dernier. Et comme je pleurai d'émotion, bien sûr à la mort de Thaïs, mais surtout pendant cette « Méditation » ! Je n'ai pas cessé depuis de jouer presque journellement ce morceau écrit pour violon et harpe ! Il a un effet magique sur mes doigts et mes poignets : il me met tout simplement en état de grâce, et mon travail de répétition s'en trouve comme allégé, comme allant de soi !

Mais revenons à ce qui me préoccupe : cet ange blessé. Oui, une partie de l'aile fut endommagée par la chute d'un morceau de corniche l'hiver dernier. Il faudrait, non il faut, et de toute urgence, la réparer, la redorer, lui redonner son éclat initial. Notre église est assez sombre; le lustre de ses dorures est donc essentiel pour refléter la lumière parcimonieuse des cierges. Mais, me direz-vous, qu'ai-je à faire dans tout cela ? Et bien il s'avère que le sculpteur chargé de cette remise en état est mon cousin, Alexandre Guyot. C'est un sculpteur sur bois très talentueux, formé par mon grand-père Théophile et qui, malgré son talent indéniable, accepte de faire ce travail de restauration au plus tôt et pour un prix très raisonnable, ce qui arrange évidemment notre curé, puisque la ville et l'archevêché se font tirer l'oreille. Donc Alexandre serait tout prêt à accomplir sa mission si nous pouvions lui procurer l'échafaudage indispensable. Et voilà où vous entrez en scène : il me semble que c'est votre ami Pierre de La Montagne qui s'occupa de l'échafaudage utilisé par l'équipe de Charles Joseph Lameire lors de la mise en place de la mosaïque du chœur. Je me souviens avoir eu bien peur pour ce pauvre homme, lorsqu'il monta pour vérifier de près le travail de ses mosaïstes ! Vous imaginez-vous, à 62 ans, tout là-haut au dessus du maître-autel, loupe en main, examiner les joints entre les petits carrés bleus ou dorés ? Mais l'échafaudage étant bien construit, notre vieil homme se trouva à l'aise dans les airs et redescendit sans difficultés majeures après son inspection. Tout cela pour vous dire que je serais rassurée si votre M. de la Montagne pouvait monter un échafaudage, qui d'ailleurs serait beaucoup moins haut que celui de Lameire, pour permettre à Alexandre, qui n'est plus si jeune non plus puisqu'il doit bien avoir 46 ans, de faire rapidement son travail !

Et bien sûr, comme je connais votre générosité, je sais que vous saurez plaider auprès de votre ami pour que sa partici-pation à cette bonne œuvre soit peu chère, sinon gratuite… Est-ce trop compter sur votre soutien ? Est-ce trop vous demander, à vous qui proposez si souvent de me faire plaisir ? Et puis n'est-ce pas là une bien bonne cause ?

Oh, mon ami, ne me raillez pas, vous savez combien je suis attachée à cette église ! Mais vous ne savez peut-être pas que mon attachement est ancré dans la mémoire de ma famille. En effet, mon grand-père, qui était sculpteur sur bois avant de devenir facteur de piano, laissa bien des marques sur cette église puisqu'il travailla à la décoration de la chaire et des boiseries des stalles. Vous n'ignorez pas que le mobilier du chœur fut fabriqué au début des années quarante, lorsque les Loeven étaient encore très demandés parmi les artisans du Faubourg Saint-Antoine.

Voilà, mon Ami, toute ma requête. Vous savez tout sur ce qui me ferait le plus grand plaisir. Avouez que ce n'est pas exorbitant ! De plus, je vous donne, à y voir de plus près, l'occasion de servir notre église, si proche de Dieu. C'est ainsi que nos âmes s'assurent d'une petite chance d'aller un jour au paradis…

Votre si dévouée et combien reconnaissante
CLOTILDE

SAMEDI 17 NOVEMBRE 1894
Ma douce Amie,
J'espère que cette méchante tempête de lundi qui s'est abattue au nord d'Arras ne fit pas trop de dégâts autour de vous. Les journaux parlent de tous ces arbres déracinés, de ces toits envolés, de ces clochers qui ont perdu leur coq. J'ai donc eu bien peur pour vous et te demande de me rassurer au plus vite !

La nature est décidemment bien cruelle, quand on considère les crues qui paralysèrent l'Artois le mois dernier ! Que devons-nous attendre pour les mois froids de l'hiver qui vient ? Mais il faut être optimistes et imaginer les belles choses qui nous attendent. Je pense, bien sûr, à la naissance de ton enfant.

Ceci m'amène à un autre sujet : ma venue à Arras. Je ne pourrai pas quitter Paris la semaine prochaine car je participe à un petit concert mardi 27. De plus, samedi 1er me semble trop proche de la date attendue de ton accouchement. Il me semble plus sage de repousser ma visite après Noël. Qu'en penses-tu ? Sache que j'ai grand-hâte de vous voir, mais il me faut aussi être raisonnable – Maman serait très fière de m'entendre te dire ce genre de chose !

Je me doute aussi que tu dois être très occupée à préparer la chambre de cet être si précieux qui viendra bientôt remplir votre vie; mon absence te sera donc moins difficile à accepter – si je ne me trompe.

Dis-moi aussi ce qui résulta des démarches de Pierre auprès de ses supérieurs, concernant son avancement depuis long-temps attendu. Un peu de justice ne ferait de mal à personne en ce monde où l'iniquité semble reine…

Mais il est temps de te quitter pour que cette lettre parte ce soir. Je joins quelques petits dessins, pour te consoler et apporter un peu de soleil sous ce ciel encore bien gris d'Arras.

Prends bien soin de toi, de vous, ma tendre amie.

> *Je t'embrasse avec un peu de regret mais*
> *beaucoup d'affection,*
> CLOTILDE

PARIS, LUNDI 10 DÉCEMBRE 1894

Ma très chère Amie,

Je viens d'apprendre par ta maman que la naissance de ta petite Simone s'est passée sans trop de difficultés et que vous êtes toutes deux en excellente santé. Nous nous réjouissons tous de ces bonnes nouvelles et te souhaitons un relever de couches très rapide.

Quel beau moment pour Pierre et toi, et toute ta famille en fait ! Ta maman est si heureuse qu'elle riait en me disant que « les hommes de la famille penchaient, comme il se doit, pour un garçon », mais que tu saurais « les satisfaire la prochaine fois » ! Eh oui, un garçon. Il nous en faut au moins un et en premier si possible car il en va du nom et de la fortune familiale. Nous, les femmes, ne faisons que perdre notre beau nom; et nos dotes épuisent les fonds si nécessaires à nos frères !

J'ai, pour ma part, une autre raison de te complimenter : ta maman a souligné que tu avais décidé de nourrir toi-même ton enfant au sein, malgré les « règles de la bienséance » que tes « dames de compagnie » n'hésitèrent pas à te rappeler. Moi, bien sûr, j'applaudis ta décision pour des raisons qui ne te sont pas étrangères : ma mère s'est toujours blâmée d'avoir placée ma défunte sœur ainée chez une nourrice à la Ferté-Gaucher, alors qu'elle aurait pu la nourrir elle-même, quitte à recourir au biberon en cas de besoin. Mais je suis sûre que tu as discuté de tout cela avec les femmes qui t'entourent; donc je m'arrête et te dis simplement de profiter pleinement de ces moments précieux, et tant pis si ta vie sociale est un peu ralentie : il y aura toujours des diners et des bals où tu sauras briller l'année prochaine.

De plus, si tu veux rassurer ta famille sur le bien-fondé de ta décision, tu peux leur rappeler que la reine Marie-Antoinette, sensible aux arguments de J-J Rousseau, était tout à fait favorable à l'allaitement maternel puisqu'elle persuada le roi de verser une petite pension aux jeunes épouses parisiennes qui nourrissaient leur enfant. Qui saurait décrier une reine ? Et, comme chacun sait, elle fut la première à présider la *Société de la Charité Maternelle*, suivie en cela par toutes nos impératrices ! Sans parler aujourd'hui de nos dames patronnesses dont ta maman fait partie ! Mais je m'arrête ici, car tu as autre chose à faire que de lire mes divagations…

En attendant de rencontrer cet être précieux qui remplit votre douce vie, je t'envoie dès aujourd'hui un petit cadeau pour saluer sa venue. Inutile de te dire combien je suis impatiente de la prendre dans mes bras…

Je vous embrasse tous les trois très affectueusement,
TA CLO

ৎৎ

Ma chère Eugénie,

Ta lettre pleine de bonnes nouvelles est arrivée ce matin; elle me fit un tel plaisir que je me dois de te répondre avant la dernière levée !

Oui, ton amitié me réchauffe le cœur, ce qui est bien utile par ce temps si froid ! En effet, et pour répondre à ta première question, il faisait -15 à midi dans notre cour. Mon frère m'a dit hier soir que, selon les experts en météorologie (quel joli mot !), la température moyenne à Paris n'avait pas été aussi basse depuis 150 ans. Il en est certainement de même à Arras ! Voilà de quoi nous inquiéter…

Il me faut te dire aussi que je fus très surprise, en passant place du Châtelet hier soir, de voir d'énormes pans de glace sortir de la bouche des sphinx de la fontaine. Un spectacle incroyable qui arrête et retient tous les passants malgré ce froid intense ! Quant à la Seine, gelée en grande profondeur, comme tu le sais, une foule de jeunes gens ont le grand plaisir de la traverser à pied sec ! Je me doute que la Scarpe, elle aussi, attire un grand nombre de gamins (patineurs ou non).

Cependant, l'interruption du transport fluvial est une source d'inquiétude non seulement pour les marchands, mais pour nous tous, comme tu peux t'en douter. En effet, le prix du bois et du charbon a augmenté brusquement, ce qui consterne bien des gens autour de moi, ma mère en premier lieu. Elle met maintenant si peu de bois dans notre belle salamandre qu'il fait presque froid dans notre appartement – au point que je garde mes gants de laine, même pour t'écrire…

Ce qui me console un peu et qui te fera sourire, c'est la parure de renard argenté (col de fourrure et manchon) que Jean-Louis m'a offerte pour mes étrennes cette année; un cadeau des plus appréciés qui agrémente élégamment mon grand manteau de laine grise (dont tu avais admiré la coupe), et me protège bien lorsqu'il me faut affronter ce froid persistant au dehors comme à l'intérieur !

Ceci m'amène à répondre à ta question : où en est ma relation avec Jean-Louis ? J'avoue ne pas trop savoir comment démêler tous ces sentiments confus qui me tourmentent. Je tiens beaucoup à l'affection de cet homme généreux et si plein de charme, mais je ne suis pas sûre de pouvoir m'engager plus avant. Malgré l'admiration que j'ai pour lui, quelque chose me retient, une sorte de peur mal définie. Je voudrais partager une relation durable car j'ai de profonds sentiments pour lui mais, en fait, je n'arrive pas à croire au bonheur. Un bonheur semblable au tien. En effet, je pense souvent à ta relation avec Pierre, à la clarté de tes sentiments : tu sus dès le premier jour qu'il était l'homme de ta vie. Je suis loin de ton assurance, et pourtant je pense ne jamais pouvoir aimer autant un autre homme. Mais qui sait ? Espérons que dans quelques mois les choses seront plus claires et plus satisfaisantes.

Parlons un peu de toi, de ta vie d'épouse et de mère, une vie si riche, significative, admirable, et j'en passe… Tes choix me surprennent et me ravissent. En effet, comment fais-tu pour décider ? Délaisser tes nombreuses activités pour te consacrer à ta vie d'épouse; nourrir ton enfant plutôt que d'employer une nourrice; encourager Pierre à accepter un poste en Afrique alors que tu es si attachée à ta famille, et je ne parle pas de ton rôle de choriste auquel tu devras renoncer. J'appellerais cela du dévouement; un dévouement sans borne, admirable ! Tu me diras encore et encore que c'est cela l'amour d'une épouse, d'une mère. Cependant cet amour efface-t-il si facilement tes besoins, tes désirs, tes talents ? Voilà donc le mystère de l'amour, ce mystère qui m'effraie un peu, je dois dire, et que je ne me vois pas connaître un jour…

Avant de te quitter, je veux te dire à quel point je suis heureuse d'apprendre que votre petite Simone n'interrompt plus trop souvent vos courtes nuits. Que tu t'endormes alors qu'elle est au sein en dit long sur l'aise avec laquelle tu joues ton rôle de mère ! Pierre, tout autant que toi, doit apprécier ce répit et ne plus trop s'interroger sur ta décision de nourrir ton petit ange. Une maman bien reposée, selon ma mère, est plus à même de produire un lait riche et délicieux… Profite bien de ce grand plaisir !

Edouard propose de poster ma lettre puisqu'il doit se rendre à la Bastille. Je vais donc m'arrêter en te souhaitant, ainsi qu'à ton adorable famille, une fin de semaine agréable et détendue malgré ce grand froid qui ne saurait durer bien longtemps.

Mille gros baisers,

Clo

PS : Tu sais comme le verbe « employer » est au goût du jour, mais ce n'est pas que je tombe moi aussi sous le joug de la mode, c'est que l'emploi de ce verbe ne doit pas être limité aux activités, au monde des hommes. Une nourrice est payée pour ses services, tout comme un forgeron où un pâtissier; elle est donc employée !

Cette petite note en dit long sur ma position intransigeante : ce qui ne t'étonnera pas.

Ma chère Eugénie,

Mon silence doit t'inquiéter, donc je m'empresse de répondre à ta lettre du 20 février, qui me fit, comme toujours, grand plaisir.

Voici donc mon histoire, laquelle n'est ni très gaie ni

très originale. Il y a huit jours, j'ai glissé en descendant les marches de la petite rue Clotilde de Vaux qui relie le boulevard Beaumarchais à la rue Amiot. Je voulais rejoindre plus rapidement la rue du Chemin Vert. Je me suis retrouvée allongée sur le trottoir, incapable de me relever, l'épaule et le coude gauches foulés et le poignet douloureux. Deux gentils messieurs m'aidèrent à me relever, mais il me fallut prendre un fiacre pour rentrer à la maison – voici une bonne portion de ma cagnotte disparue ! Toutefois je dois te rassurer : le rebouteux qui remet notre petite famille en état depuis deux générations m'affirma que, grâce à ses bons offices, les os de mon épaule et du coude étaient bien remis en place, mais les articulations resteraient douloureuses pour une ou deux semaines. Le poignet dégonflerait si je l'exposais au froid (ce qui n'est pas difficile ces derniers temps !), et les bleus de ma jambe disparaîtraient vite.

Aujourd'hui, les douleurs du poignet et les bleus sont encore présents; de plus mon coude n'a pas retrouvé tout à fait sa flexibilité, mais je reste optimiste, car mes progrès sont réels. Je continue de travailler chez Blanchet et je peux dessiner sans trop de difficultés malgré ma main gauche immobilisée, grâce au génie d'Édouard qui me montra comment disposer des poids sur mes feuilles de papiers afin que celles-ci ne bougent pas quand je m'applique avec crayons et pinceaux.

Cependant les conséquences de cette chute sont assez alarmantes, car il m'est impossible, pour l'instant, de jouer de la harpe. Tu peux imaginer mon anxiété.

J'ai tout de suite alerté notre Maître de Chapelle. Fauré étant très occupé au conservatoire, François Manson, qui le seconde très souvent, trouva rapidement une harpiste pour me remplacer. J'espère rejoindre la maîtrise au plus vite mais, comme tu le sais si bien, « patience et longueur de temps.... » Je vis ce dicton.

Je me dois d'ajouter que mon « malheur » m'attira une attention que je n'attendais pas de mes amis, Jean-Louis en particulier. Ce dernier m'envoie fleurs et friandises si souvent que je ne sais où les mettre étant, comme il se doit, peu portée sur la gourmandise. Peut-être cela va-t-il changer…

Voici, ma chère amie, l'essentiel des nouvelles. Raconte-moi ce qui se passe à Arras, tes quelques sorties et les progrès de ton petit ange. Quand saurez-vous, pour sûr, si ton père obtiendra de nouveau un poste à Paris ? Bientôt, j'espère !

Ta Clo qui vous embrasse et vous souhaite une très bonne santé, sans chute ni souci…

∽

PARIS LE 20 MARS 1895

Ma si chère Amie,

Ta lettre, arrivée ce matin, est une bien belle façon pour moi de célébrer le printemps et d'oublier mes ennuis ! D'autant que les nouvelles que tu partages me réchauffent le cœur. En effet, je ne peux croire que ce petit bébé de trois mois ait déjà appris à te sourire, qu'elle préfère prendre ta main plutôt que celle de ta bonne, qu'elle réagisse à tes arpèges… Tout cela montre la vivacité de son esprit, son aise dans ce monde si nouveau pour elle; tout cela me bouleverse, et me rend tant soit peu envieuse… Aurai-je un jour ce bonheur ? J'en doute, car il ne vient pas sans son prix.

Disons simplement que mon admiration pour toi et Pierre est sans limites. Ma seule requête est que tu continues de me décrire ces moments délicieux afin que je puisse, moi aussi, les goûter.

En attendant, je vais répondre à ta question : mes progrès sont peu rapides jusqu'ici; mon coude est encore douloureux,

76

mais je peux enfin bouger mon poignet de gauche à droite sans trop de peine ce qui est donc rassurant. D'ailleurs, je tiens du rebouteux que je retrouverai (et je cite) toute la flexibilité de mon coude et de mon poignet dans une ou deux semaines selon le temps qu'il fera ! Ce dernier détail est un peu inquiétant, car, s'il fait beaucoup moins froid qu'en février, le ciel gris de Paris ne me rend pas très optimiste.

Mais qui sait, mon état d'esprit ne tenant pas seulement au beau temps, ma guérison peut fort bien venir grâce au *bon* temps que la vie m'apporte en ce moment. En effet, je dois te dire que j'ai passé une journée magnifique hier avec Jean-Louis. Vois plutôt : nous nous sommes rencontrés vers 11 heures à Saint-Germain-des-Prés dans ce petit restaurant, à côté des Deux-Magots, que tu connais bien. Après un déjeuner léger, nous nous sommes rendus au Salon des Cent qui se trouve tout près, rue Bonaparte, dans le bâtiment qui abrite aussi la revue *La Plume* laquelle fait vibrer tout Paris par son avant-gardisme et ses couvertures attrayantes. Ainsi, celle du dernier numéro de ce mois-ci montre deux belles jeunes femmes représentant les arts et la littérature; une couverture dessinée par Eugène Grasset lui-même. Je garde religieusement tous les numéros de cette revue, comme tu peux l'imaginer.

Venons-en à l'exposition dans le Salon des Cent, lequel se tient dans l'entrée du journal. Je fus très surprise par la quantité et la qualité des œuvres des peintres, sculpteurs, graveurs et lithographes que l'on peut acheter à bon prix, selon Jean-Louis. J'ai beaucoup aimé les gravures et dessins d'Alfonse Mucha. Jean-Louis trouve qu'il s'inspire peut-être trop du style des œuvres de Grasset : des femmes langoureuses avec des bras et des mains très présentes, des visages sérieux, des chevelures luxuriantes, une grande profusion de fleurs, plantes ou arbres. Après une belle visite, nous sommes repartis avec une lithographie de Pierre Bonnard et une affiche de Jules Chéret; deux noms qui ne doivent pas te dire grand-chose mais qui, selon Jean-Louis, seront bientôt très célèbres. J'aurais aimé une affiche de Mucha, mais ce sera pour une autre fois. Et bien sûr, quand vous viendrez à Paris, je vous emmènerai dans ce lieu des plus intéressants !

Voilà mon amie comment ta Clo passe un peu de son temps maintenant qu'elle ne peut plus, pour l'instant, caresser sa harpe !

Elle pense aussi beaucoup à vous et vous embrasse fort.
CLOTILDE

∽

MARDI 11 JUIN 1895

Ma très chère Amie,

Merci de ta lettre et de toutes ces nouvelles magnifiques concernant ton petit ange !

Pour ce qui est de ma « condition », je dois dire que tes nombreux vœux de guérison furent efficaces, puisque me voici maintenant en bien meilleur état ! Un état qui me permit de me remettre à travailler mes partitions avec ardeur il y a dix jours, et ce sans trop fatiguer mon poignet ou mon coude. Tu me penserais donc pleine d'enthousiasme. Et pourtant non, et voici pourquoi.

Me sentant prête à affronter le monde, je suis allée à la Madeleine dimanche pour la grand-messe. Je pus ainsi admirer le travail de notre maitrise. Mais là s'arrête mon euphorie. En effet, lorsque j'abordai François Manson, le titulaire du petit orgue qui dernièrement relaie souvent Fauré à la tête de la maitrise, il me dit simplement que la personne qui me remplaça le lendemain de ma chute malencontreuse, est particulièrement douée. De plus, elle possède une licence de l'Université de Philharmonie, ce qui fait d'elle une candidate mieux placée que moi pour remplacer définitivement Madame Nastelle, laquelle est décédée il y a maintenant un mois. La décision définitive sera prise avant la fin du mois, quand ces messieurs seront à même de se réunir. J'eus l'impression, peut-être à tort, qu'il était personnellement engagé auprès de cette jeune harpiste si « talentueuse ».

Tu es en droit de me dire : « Qui es-tu pour insinuer de telles sornettes, toi qui bénéficias de l'appui de Berlantier auprès de Fauré ? » Et tu aurais tout à fait raison, car je dois admettre que ma présence au sein de la maîtrise n'est pas uniquement due à mes talents exceptionnels !

Cette plaisanterie doit te rassurer sur mon état d'esprit, car, bien que très chagrinée, je vois un peu d'espoir grâce à Maman. En effet, après avoir écouté ma diatribe, elle me dit simplement : « l'adversité nous rend plus fortes. Profite donc de ce revers pour aller de l'avant ! De plus il y a beaucoup d'autres orchestres et maitrises dans Paris et sa région, et tes trois années à la Madeleine te donneront un excellent avantage. » Elle n'a pas tort, évidemment.

Voilà mon amie mes petits désagréments. Les partager avec toi me redonne du courage, de la détermination. Je vais donc suivre les conseils de Maman et parler autour de moi pour trouver d'autres options musicales. De plus je m'applique à mes dessins, et joue de ma harpe autant que faire se peut. Par ailleurs, comme je te l'ai dit, Jean-Louis me promène et me dorlote : dois-je regretter de ne pas être tombée plus tôt ? J'en appelle à ta profonde compréhension des êtres pour m'éclairer sur cet aspect inattendu de mes relations amoureuses.

> *Mais en attendant, je vous embrasse tous les trois très fort, et espère te lire bientôt,*
> Ta Clo

᭡᭜

Mon cher Auguste,

Grand merci pour ta lettre qui nous a enfin rassurés. N'est-il pas curieux que ta jambe cassée, suite à cette chute « malencontreuse », t'ait permis de rester en Algérie et de ne pas aller combattre à Madagascar ? Est-ce un don du ciel ? Sans doute car, selon les journaux parisiens, les troupes françaises, et les Chasseurs d'Afrique en particulier, ont perdu beaucoup d'hommes ces dernières semaines. Donc, reste autant que possible dans cette ville calme de Blida dont nous avons aussi beaucoup apprécié ta description détaillée. Merci aussi pour la photographie du camp où tu résides : cette grande plaine et les petites collines sableuses sont très différentes des paysages montagneux et boisés de Madagascar que tu voulais connaitre, mais ta curiosité vaut-elle ta vie ?

Par ailleurs, en dépit de ton optimisme, il n'est pas sûr que notre armée puisse prendre Tananarive et imposer un protectorat à la reine Ranavalona. En fait je ne comprends pas vraiment cette nécessité d'imposer notre présence à ce peuple si différent du nôtre et pourtant si admirable à bien des points de vue. De plus d'où vient cet enthousiasme de nos politiciens pour les conquêtes ? N'y a-t-il pas d'autres moyens de faire de notre France un « grand » pays, une nation respectée et respectable, un lieu où il fait *vraiment* bon vivre ?

Une autre pensée me vient qui demande ton avis : tu aurais pu faire ton service militaire à Poitiers où même à Versailles où la vie de soldat, à cheval ou non, ne doit pas être trop difficile pour un jeune parisien jusqu'ici fasciné par l'art du bois et du meuble. Donc, ton engagement repose-t-il sur autre chose que sur ton amour des voyages, de l'aventure ? Si oui, le satisfait-il ? Je reste peu convaincue que ce fût un bon choix de la part de ce jeune cousin que je croyais connaître...

Mais passons à tes questions concernant notre petite vie parisienne. Sache qu'elle est plutôt précaire ces temps-ci. En effet, une chaleur inattendue (34 degrés hier) rend toute activité difficile. Et la sécheresse (pas de pluie depuis le 14 août) affecte les parcs et les jardins avec des effets très alarmants, surtout pour les petits maraichers : pas d'eau pour arroser les légumes qui sont leur seule ressource. Il y a aussi très peu d'eau potable dans certains quartiers et un grand nombre de fontaines sont déjà asséchées. Dans notre cour, le puits ne l'est pas encore, mais pour combien de temps ? Fort peu, sans aucun doute. « C'est du jamais vu » ! comme dit Maman.

Qui se serait attendu à une telle chaleur après les grands froids de février ? La vie se fait de plus en plus difficile pour les petites gens ! Et nos prières restent sans effet. Nous ne sortons guère de notre maison, et gardons les volets fermés. Edouard travaille très tôt le matin et tard le soir, mais se repose dans la journée, comme la plupart des artisans du quartier.

Malgré tout, le buffet que tu as vu « naître », est presque terminé; tu seras impressionné par la qualité du travail de notre sculpteur. Qui eût cru qu'il y aurait tant de talents dans notre famille ? Je dois dire qu'Edouard a beaucoup appris de ton père, pendant ses dix années d'apprentissage, grâce au savoir-faire et à la générosité de ce dernier !

Maman et moi cousons peu car nos clientes ne pensent pas à l'hiver prochain au vu de la chaleur qui nous paralyse tous. Nous dépensons donc nos petits sous avec parcimonie. Mais j'ai le plaisir de dessiner toujours un peu et de travailler beaucoup mes partitions, car j'espère rejoindre la maîtrise de Saint-Eustache le mois prochain : mes trois années à la Madeleine devraient jouer en ma faveur...

Jean-Louis est parti à Mulhouse pour l'enterrement d'une vieille cousine : un voyage bienvenu car il fait plus frais dans l'Est qu'à Paris, et cette cousine, très âgée, s'est montrée très généreuse envers lui.

Voilà, mon cher Auguste, tout ce que je puis te dire aujourd'hui. Je suis désolée de ne pas avoir de choses plus intéressantes ou plus drôles à partager avec toi. Je ferai de mon mieux la fois prochaine, quand la vie parisienne aura repris son allégresse, grâce à un temps frais et pluvieux !

Dis-nous vite si tu pourras venir en permission jusqu'à Paris avant la fin de l'année.

Je t'embrasse bien fort,
CLOTILDE

PARIS LE 13 JANVIER 1896

Mon cher Auguste,

Ta lettre nous fit grand plaisir, et nous sommes très heureux de te savoir en bonne santé et satisfait de ton « séjour » parmi les « Chasseurs d'Afrique ». Nous t'adressons tous nos vœux pour que cela continue. Des vœux d'autant plus sincères et profonds que nous avons beaucoup apprécié votre petite visite début décembre. Maman t'en est particulièrement reconnaissante, car elle aime beaucoup tes parents. Ce sont en effet des gens très sensibles, chaleureux et pleins de compassion; on se sent toujours très à l'aise en leur compagnie – en la tienne aussi, bien sûr ! Maman dit souvent que nous sommes très fortunés de vous avoir pour cousins. Edouard et moi partageons ses sentiments !

Parlant de cousinage, je dois te dire qu'Henri ne va pas bien. Il est en effet profondément secoué par le décès de Verlaine survenu mardi dernier. Celui-ci était en très mauvaise santé depuis des mois mais, quoique médecin, Henri refusait de reconnaître la réalité. Après l'enterrement, vendredi, il est passé à la maison, ce qu'il fait rarement; mais je pense qu'il avait besoin de s'épancher. Maman étant chez une cliente, j'eus « l'honneur » de converser longuement avec lui. C'est vraiment un penseur hors ligne, et sa vision du monde, quoique parfois extravagante, comme tu le dis souvent, n'est pas si éloignée de celle des grands-parents Guyot…

Je comprends cependant sa détresse, car Verlaine joua un rôle important dans sa vie « d'artiste », notamment en écrivant une introduction très positive pour son premier livre (fort controversé). Mais ce qui me toucha beaucoup, ce fut sa très profonde admiration pour Verlaine. Il m'a dit plusieurs fois combien ce poète, si mal vu dans le monde littéraire aujourd'hui, sera à n'en pas douter l'un des plus grands poètes du siècle. Comme j'osais exprimer quelques doutes, il récita, de sa voix mélodieuse, deux courts poèmes qui m'ont bouleversée. J'ai maintenant très envie de lire toutes les œuvres de Verlaine ! Je dois avouer aussi que les *Cinq mélodies de Venise* que Fauré mit en musique, sont remarquables. Me voici donc convaincue, et notre Henri sembla se sentir un tout petit peu mieux quand il repartit. Mais je crois qu'il apprécierait un petit mot de toi…

Il est temps que je te laisse car il va me falloir plus de temps que d'habitude pour me rendre à Saint Eustache (et participer dignement à notre répétition), les tramways étant bondés à cause de ce froid persistant – tu as bien de la chance d'être en Afrique !

Je te récrierai d'ici peu pour te parler du maître de chapelle et de mes progrès dans ce chœur qui s'est montré des plus accueillants envers moi.

> *Ta cousine qui t'embrasse bien fort,*
> Clo

ℰↃ

Chers Cousins,

Je vous espère en bonne santé et d'excellente humeur. Juste au cas où vous seriez un peu moroses, je vais vous annoncer une nouvelle qui vous étonnera et vous amusera tout autant. Etes-vous prêts ?

Mon gentil frère, notre Edouard, notre artiste au grand cœur vient de trouver un nouveau travail. Jusqu'ici rien de très étonnant : la sculpture sur bois n'est pas très cher payée ces jours-ci avec l'afflux des nouveaux artisans et artistes alsaciens... Vous en savez quelque chose. Il s'agissait donc pour Edouard de trouver un poste qui lui convienne au vu de sa formation, de son âge, de son désir de rester près de nous car il est toujours le soutien de notre famille... Il choisit donc, envoya sa requête, et le voici embauché ! Mais vous ne devineriez jamais en tant que quoi, ni où ... Je vous aide donc : il porte un bel uniforme... Y êtes-vous ? Non il n'a pas repris de service ni dans l'infanterie ni dans l'artillerie, il n'avait pas tellement aimé la vie de soldat à Orléans, malgré le bel uniforme...

Il est entré dans sa fonction il y a huit jours, pas bien loin de notre rue Saint-Bernard, en fait à quelques pas de la Bastille. Imaginez-vous ? Non il n'est pas sapeur-pompier dans cette belle station toute neuve du boulevard Diderot que vous avez admirée, même si sa taille en aurait fait un pompier très efficace. Avez-vous enfin deviné ? Oui ? Non ? Et bien, il est maintenant *gardien de la paix* ! Êtes-vous surpris ? Riez-vous tout comme je l'ai fait, mais sous cape ? Je dois dire qu'il me fallut beaucoup de retenue pour ne pas éclater de rire lorsqu'il nous apprit sa démarche auprès des autorités municipales. Voilà, vous savez donc ! Mais n'allez pas vous moquer de lui, il mérite au contraire notre soutien et notre reconnaissance car il s'est engagé dans cette voie, loin de sa passion pour la sculpture, pour nous apporter une aide financière stable et enfin suffisante.

On peut bien sûr s'étonner de son choix, eu égard à sa personnalité agréable, son côté plaisantin et bon enfant. Mais à y regarder de plus près, son choix n'est pas si étonnant : Edouard fut toujours soucieux d'obéir aux ordres – cela en fit un excellent apprenti – et il est plutôt autoritaire avec sa famille et ses amis. Maman, qui croit « dur comme fer » à l'influence des familles, n'y voit rien de surprenant : son grand-père Ansart était commissaire à Epinal pendant de nombreuses années et notre grand-oncle, Charles, fit une courte carrière dans la gendarmerie, comme vous le savez. Du côté Loeven, on compte au moins deux gendarmes, dont le père du cousin Davaillau. Voilà donc pour la tradition familiale; et cela sans compter les militaires. Bref, selon Maman nous n'avons pas lieu de nous étonner. Cependant, il m'est difficile de l'imagi-ner à l'aise sous son képi, lui jusqu'ici si élégant et si galant avec les dames...

Racontez-moi vos derniers faits et gestes, dites-moi comment on vit à Lumbres, maintenant que nos chers oncle et tante n'y sont plus. J'avoue qu'ils me manquent beaucoup, surtout leur art, si bien partagé, de la conversation.

Votre affectionnée
Clotilde

PS : Je vous joins une photo très martiale de notre tout nouveau *Gardien de la Paix* !

Oh ! Mon Ami, (*Jean-Louis Leroy*)

Moi aussi je vais prendre ma plume, puisque vous n'êtes pas près de moi pour parler de cet événement terrible... Et j'ai tellement besoin d'en parler ! Il faut bien en effet mettre de l'ordre dans mes pensées, les partager avec vous et, par là, provoquer les vôtres... Je parle évidemment de l'incendie dans le bazar de la Charité, dont vous avez sans aucun doute lu la nouvelle dans les journaux qui s'en donnent, si j'ose dire, à cœur joie. Il paraît que le *Petit Journal Illustré* d'hier a été tiré à douze cent mille exemplaires et qu'à midi on n'en trouvait plus un seul dans les rues de Paris... Sommes-nous tous devenus soudain si compatissants ou simplement fascinés par le malheur des autres ? Car enfin, a-t-on besoin de ces images pour penser à ces enfants, à ces jeunes femmes, à tous ceux qui étaient là pour aider une bonne cause, et qui paient par d'affreuses souffrances, voire de leur vie !

Si l'on nous abreuve de chiffres est-ce aussi par compassion ou par goût des catastrophes ? Et ces chiffres sont-ils vrais ? 1200 visiteurs, ce jour-là, rue Jean Goujon : cela me paraît beaucoup sur ces quatre cents mètres carrés qu'occupait le bazar de la Charité. Le nombre des victimes trouvées jusqu'ici atteint, selon mon frère, près de 130 morts et plus de 200 blessés, dont certains le sont si sérieusement qu'ils mourront, pour sûr, d'ici peu !

Ce qui attire d'autant plus l'attention c'est que parmi ces victimes on compte au moins 123 femmes et enfants ! Voilà qui soulève une question fort embarrassante : comment ces messieurs s'en sont-ils sortis si facilement ? La réponse est simple et affligeante : en bousculant et même en piétinant femmes et enfants. On frémit devant cette conduite impardonnable, cette lâcheté sans pareille. Il faut ajouter que ces hommes appartiennent tous à la très haute société parisienne ! Mais avant de leur jeter la pierre, chacun doit se poser la question : « qu'aurais-je fait dans de telles circonstances ? » Je n'ose y répondre…

Et vous, mon Ami ? Je vous vois vous faufilant à contre courant dans la cohue, pour mettre de l'ordre dans la fuite vers les portes. Je vous reconnais dépassant d'une tête la foule en folie, essayant de calmer les esprits, montrant aux hommes de bien le chemin de l'entraide; je vous imagine vous précipitant au secours des enfants terrifiés et des dames empêtrées dans leurs robes de mousseline, en proie aux flammes et à la panique.

Ai-je tort ? Ne me le dites surtout pas. Je ne veux pas douter de tout et de tous. Car il me faut absolument croire en la dignité de l'homme, dans le dépassement de soi, dans notre sens de l'honneur. Il ne faut surtout pas accepter cette fuite vers la sauvagerie, le sauve-qui-peut, l'indifférence, vers l'égoïsme le plus destructeur. A cela je me refuse, et je prie non seulement pour ces malheureuses, pour ces enfants, mais aussi pour nos âmes à tous.

Car il y a plus : vous verrez qu'on va s'emparer de cet événement pour accuser les soi-disant anarchistes, ou les amis de Dreyfus, ou les socialistes, tous ceux qui ont un tant soit peu critiqué la grande bourgeoisie et l'aristocratie, ces derniers temps. D'autres se gausseront de la religion et auront ce sourire de mécréant qui nie l'existence de Dieu à la lumière de toutes ces tragédies ! Ah, la politique !

Dans la rue, on hoche la tête en signe de commisération, mais cette empathie va-t-elle durer ? Va-t-elle permettre de rapprocher d'une façon durable les classes de notre société encore déchirée par le souvenir de 71 ? Car il faut bien le reconnaître, les ressentiments durent sous le sourire de commande. Dans mon quartier, les exactions commises, les peines infligées aux communards ne sont pas oubliées... Mais je prie pour que ces différents entre les Parisiens mènent aux pardons.

Oui, je prie alors que tout le monde s'agite : les journalistes se déchaînent; leurs patrons font des fortunes; nos dirigeants cherchent des coupables et récompensent les pompiers et les gendarmes; nos curés disent des messes; nos ingénieurs imaginent des pompes à eau plus efficaces ; Mr. Krebs propose des auto-pompes électriques – mais où était-il avant-hier ? Vous verrez qu'on va tenter d'interdire les séances de cinématographie pour éviter les incendies. Beaucoup d'actions donc, mais où est la réflexion ? Où est le réconfort ? Je suis bien obligée de répondre : « dans la prière » ! Non, mon Ami, ce n'est pas de l'angélisme bon marché. Devant de telles catastrophes il me faut simplement croire que, quelque part, il y a... la grâce.

Il y a huit ans, en janvier et février, l'épidémie de grippe a fait plus de quatre cent cinquante morts, PAR JOUR, à Paris. Personne n'y pense plus. Personne ne fait de rapprochement. L'Eglise ne nous offre pas d'autres pansements que la prière, que l'oubli dans les méandres du divin. Et vous, les athées, avez-vous une autre solution, une autre voie par où atteindre l'acceptation de notre sort, de notre condition si souvent inhumaine ?

J'aimerais tant parler de tout cela de vive voix avec vous; ne vous faites pas si rare.

> *Votre bien triste et perplexe amie*
> CLOTILDE

⁙

Ma chère Eugénie,

Nous sommes tous très heureux d'apprendre que la naissance de votre petit Paul s'est très bien passée et que vous êtes tous deux en excellente santé. Quelle joie pour vous et toute votre famille. De plus, un garçon! Tu fais vraiment très bien les choses.

Je veux aussi vous remercier pour avoir envoyé ce beau faire-part de naissance. Tous mes compliments! Maman est très impressionnée par ce petit carton si chic et, aussi, par votre audace! En effet, présenter votre nouveau-né par son prénom avant son baptême est un signe évident de votre « modernité » ! Maman dirait plutôt votre indépendance vis à vis de l'Église. Nous allons garder précieusement ce faire-part, car c'est le premier que nous ayons jamais reçu! Une photographie lui tiendra peut-être compagnie d'ici peu, Pierre et toi étant très ouverts aux dernières nouveautés du monde actuel!

Que tu aimerais faire de moi la marraine de votre petit Paul André est un grand honneur, mais je comprends pleinement les arguments de Pierre : la famille d'abord, et aussi, bien sûr, quelqu'un ayant les moyens d'aider, à tous points de vue, cet enfant tout au long de son existence. Or étant célibataire, vivant bien loin de vous et ayant des ressources limitées, comment pourrais-je jouer ce rôle aujourd'hui encore essentiel auprès d'un filleul ? D'autant que je n'ai pas, dans le milieu de l'administration ou de l'industrie, de solides contacts qui pourraient le mener à la réussite. Je suis sûre que le parrain que Pierre propose possède ce qu'il faut. De plus, son épouse sera certainement une bonne marraine qui pourra guider Paul, le protéger, et même le gâter, surtout s'il possède le charme de sa « grande » sœur, ce dont je ne doute pas! Sois rassurée, mon amie, ton Pierre fait le bon choix!

Parlons de Simone : comment regarde-t-elle ce petit être qui prend maintenant beaucoup de place dans votre vie ? Montre-t-elle de l'étonnement, de la curiosité, un peu de jalousie ? Ah, je suis si impatiente de vous revoir tous et de câliner vos enfants chéris!

Dis-moi vite à quelle date aura lieu le baptême, et si une petite visite au préalable serait possible.

Encore tous mes compliments et mes pensées
les plus affectueuses,
Ta Clo qui vous embrasse tous très fort

Ma très chère Amie,

Ta jolie carte est arrivée juste à temps pour me rappeler que ce vendredi 1er avait une certaine importance, et qu'atteindre 25 ans est un événement notoire. Cependant, ce qui me touche le plus c'est que, malgré tes occupations multiples, les besoins constants de tes deux petits, tes journées si longues et tes nuits trop courtes, tu n'as pas oublié cet anniversaire ! Tu pris le temps d'acheter cette belle carte; tu trouvas, comme toujours, les mots précieux qui m'ont transmis, aussi clairement qu'il est possible, la profondeur de cette amitié qui nous lit depuis quinze ans ! Quel bonheur tu m'apportes ainsi ! Merci, merci ! Je ne peux imaginer un plus grand plaisir, si ce n'est de t'avoir à mes côtés – mais cela devra attendre encore un petit mois.

Il me faut te dire aussi que, comme tu le pensais, j'ai passé une bien belle soirée vendredi. En effet, Maman avait invité, sans me le dire, nos cousins Jules et Paul d'Argis; une belle surprise, donc, et une excellente conversation autour d'une table bien garnie. Jean-Louis ne fut pas en reste puisqu'il a tenu à fêter mon anniversaire, en amoureux, au Grand Vatel, samedi. Une soirée particulièrement agréable pour nous deux.

Mais revenons à ta carte et ses nouvelles : je suis très heureuse de savoir que ton petit Paul est bien à l'aise dans ce nouveau monde puisqu'il ne pleure guère. Que tu puisses ainsi apprécier ces nuits moins interrompues et ces moments de repos en mi-journée n'est pas dû au hasard, mais au fait que ton petit enfant peut sentir, sans aucun doute, cet amour, cette constante attention que tu lui portes. Juste retour des choses, pour la maman exceptionnelle que tu es !

Je dois ajouter aussi que tu es une épouse tout aussi remarquable : Pierre ne cesse de me dire combien il est heureux à tes côtés, quelle chance est la sienne...

Mais je vais arrêter ici mes compliments pour que tu ne sois pas tentée d'en douter !

> *Je t'embrasse très fort et joins tous mes vœux pour*
> *que ta vie continue ce magnifique voyage,*
> TA CLO

ce·s

Ma très chère Eugénie,

Quel plaisir de savoir que ta petite Simone a beaucoup apprécié la poupée que je lui ai envoyée pour son anniversaire ! Quatre ans déjà; comme le temps passe ! Je suis aussi ravie de savoir qu'elle aime s'asseoir à ton piano, et essaie d'imiter tes exercices vocaux. Ce doit être une vraie joie pour toi ! Qu'en sera-t-il de son petit frère ? Sera-t-il fasciné, tout comme son papa, par les automobiles ? Nous avons encore deux ans pour en juger.

En attendant, peu de nouvelles à partager, car je ne vais pas te parler longuement du « Traité de Paris », dont tu as dû lire la mention dans ton journal local. Je te dirai simplement que, étant plutôt du côté des révolutionnaires Cubains, je suis assez heureuse que l'Espagne ait abandonné la lutte et que la paix soit revenue. Cependant, aux dires de mon cousin Auguste Guyot, qui se passionne pour la politique et la diplomatie auxquelles il se destine apparemment, il n'y a pas de quoi se réjouir trop vite, car la grande majorité des Cubains, qui jusqu'ici n'ont pas de quoi manger à leur faim, ne vont pas vraiment bénéficier de cette indépendance. En effet, selon Auguste, les intérêts financiers américains s'opposent à une vraie indépendance de ce petit pays, dont l'économie tient au marché de la canne à sucre.

Je ne comprends pas bien le lien entre le sucre et le droit à la justice et à une vie décente pour cette population tenue si longtemps en laisse. Mais laissons nos diplomates et autres politiciens se pencher sur ce genre de questions et revenons-en aux nouvelles qui nous touchent.

Je partage tes réticences concernant un départ possible pour l'Afrique, car nous serons bien loin l'une de l'autre. Mais ce serait, en effet, fort utile pour la carrière de Pierre qui semble beaucoup s'intéresser au développement de l'administration coloniale. J'ai aussi entendu dire que Saint-Louis est une ville très agréable. Pense aussi à tout ce que vous découvririez dans ce pays lointain. Ta curiosité, ton intérêt compenseraient tes regrets d'être si loin de nous. Et je sais que tu m'écrirais longuement pour partager avec moi toutes ces découvertes extraordinaires ! Oui, ce séjour de deux ans serait sans doute une aubaine pour toi tout autant que pour Pierre. Et tant pis pour cette Clotilde à laquelle tu manquerais beaucoup. Ah, mon Eugénie, il n'est pas facile de reconnaître le bon côté des choses et d'accepter les « petits » désagréments, comme dirait Maman, mais quelle autre option avons-nous ? Je crois simplement que nous devons nous concentrer sur ce qui nous plait, nous rassure.

J'ai ainsi deux bonnes nouvelles à partager avec toi : Jean-Louis se montre des plus accommodant, et attentif à mes désirs. Nous irons donc dans le Pas-de-Calais pour célébrer la nouvelle année et pourrons nous arrêter à Arras au passage ! La seconde tient au fait que, de nouveau, trois de mes dessins ont été acceptés par la maison Furnion : couleurs et motifs se prêtant bien, apparemment, à la mise en carte. Je ne saurais demander plus !

Je m'arrêterai ici pour que ma lettre parte dès ce soir, car je te sais impatiente de me lire...

> *Ton amie qui vous embrasse tous très fort,*
> Clo

☙❧

VENDREDI 28 AVRIL 1899

Mon cher Ami, *(Jean-Louis Leroy)*

Permettez-moi de vous contredire : l'amour que vous avez pour moi est un sentiment profond sans doute mais ce n'est pas une passion. Non, votre passion est ailleurs. Elle vous occupe depuis 15 ans, jours et nuits. Elle tire à elle votre attention sans discontinuer. Cette passion vous habite plus sûrement que toute passion pour une femme, bien que vous ne soyez pas dépourvu de sentiments. Vous savez aimer, vous savez vous intéresser aux êtres qui vous entourent, mais cette passion jalouse vous tient en si courte laisse qu'un rien vous ramène à elle. Un bruit dans la rue, une forme, une couleur, tout la fait resurgir, à votre corps défendant. C'est précisément pour cela qu'elle est véritablement votre passion.

Je n'en suis pas jalouse, même si parfois j'aimerais qu'elle me fasse un peu plus de place dans votre vie. Je ne peux en fait vous imaginer sans elle, comme si j'avais peur de ne trouver de vous qu'une coque vide. Je divague ? Oui, peut-être un peu, mais je sais aussi qu'il n'y a pas de grand inventeur, de grand maître de la pensée ou de l'art qui ne soit, comme vous, totalement investi dans sa passion. Que celle-ci soit pour vous l'automobile ne change rien à l'affaire.

Pour vous prouver que je n'en veux ni à vous ni à elle, et parce que vous me l'avez proposé d'une façon si charmante, j'accepte de participer à votre salon le mois prochain. Je serai présente pour l'inauguration et les trois premiers jours mais, ensuite, il faudra vous contenter de brèves apparitions car je ne peux tout à fait délaisser mon travail pour la Maison Furnion : vous savez très bien que dès juillet nous nous attèlerons aux tissus qui seront sur le marché l'hiver prochain.

Ceci dit, j'avoue être un peu surprise : moi qui sais si peu de choses sur votre machine, comment pourrais-je de quelque façon la promouvoir ? Vous me dites qu'il suffit de la présenter. J'imagine bien me mettre à son côté, la flatter de la main, comme un pur-sang; en ouvrir la porte et m'y asseoir avec autant de nonchalance qu'il me sera possible, en caresser le volant si joliment couvert de cuir, sourire d'une façon rêveuse, comme si cette machine devait m'emporter tout droit au paradis. Je vous promets de présenter mon meilleur profil aux photographes et de porter ce beau chapeau que vous m'avez offert pour fêter l'arrivée du printemps. Mais croyez-vous vraiment, comme vous me l'avez dit avec ce sourire auquel je ne sais résister, que ma seule présence fera de votre voiturette la vedette du salon ? C'est beaucoup attendre de ma séduction et bien peu croire en votre génial don d'ingénieur !

J'espère que vous ne me demanderez pas, de surplus, d'obtenir un certificat de capacité[3] car, si j'apprécie d'être « voiturée » de temps à autre, je ne suis pas prête à me transformer en « chauffeur d'automobile » et de courir le risque de faire l'objet d'une chanson de Charlus[4]... Je sais que vous en estimez avant tout l'humour (comme disent les Anglais) mais ce qui me décoiffe dans cette chanson, c'est sa vulgarité... Suis-je vraiment trop sévère dans mon jugement ou ai-je trop bien appris les règles de la bienséance ? J'en appelle à votre clémence : ne me faites pas conduire votre voiturette et ne chantez plus cette vilaine chanson, du moins en public…

La comédie tragique de Georges Maurevert « La Dernière soirée de Brummell » sera donnée le 4 mai au Nouveau-Théâtre; voulez-vous nous y accompagner ? Il me semble fort à propos de montrer notre soutien à ce dreyfusard grand teint !…

Votre trop dévouée Clo

SAMEDI 14 OCTOBRE 1899

Chers Cousins,

Notre discussion d'hier m'a mise en appétit, donc j'y reviens pour mieux expliquer ma position et celle des membres de ma famille dans cette « affaire ». J'ai quelques arguments qui devraient vous éclairer sur nos divergences au sein même de notre foyer, comme dans toutes les familles françaises, apparemment… Mais d'abord laissez-moi vous dire que, malgré l'esprit railleur d'Auguste, je sais bien que vous partagerez mon point de vue.

En effet, on ne peut nier que la majorité des journaux se soient montrés particulièrement durs avec les dreyfusards et iniques avec Zola. Maintenant que le voici revenu d'Angleterre, ils n'hésitent pas à ressasser les accusations contre M. Zola père, entre autres ! Toute cette boue m'écœure car elle veut cacher une injustice avec davantage d'injustice. Mais passons. Vous avez, comme moi, lu l'article de Zola et un peu connu la famille de Dreyfus. Alors, comment croire aux accusations de l'armée contre ce dernier ? Comment se ranger du côté des « menteurs » ? Bien sûr, il faut compter aussi avec notre façon de penser, laquelle s'est formée au gré des modèles et des principes inculqués depuis notre plus tendre enfance. Ceci explique notre difficulté présente à démêler parfois le pourquoi de nos positions et, bien sûr, nos divergences. Ainsi, ne vous étonnez pas du silence de Maman qui puise ses convictions à la fois dans les leçons apprises auprès des Sœurs de la Ferté-Gaucher (qui partagent sûrement l'antisémitisme traditionnel de l'Église catholique et prêchent une obéissance absolue à l'autorité) et du Grand-père Guyot. En effet, notre fonctionnaire ne faisait jamais beaucoup de vagues mais, Franc-Maçon comme vous le savez, il avait un esprit des plus ouverts et même frondeurs. Il a vécu trop d'iniquités de la part de ses supérieurs au ministère pour se ranger sans question de leur côté. Marquée par ces deux tendances, Maman est donc, à la fois, peu encline à accuser la hiérarchie militaire tout en étant incapable d'accepter de condamner Dreyfus. Ainsi écoute-t-elle nos arguments sans véritablement oser prendre parti.

Edouard appartient à la même tendance pour d'autres raisons. Il a beaucoup subi l'influence de Grand-père Théophile. Or, les Loeven ont toujours gardé une mentalité d'émigrés. Bien que venus en France avant la Révolution, ils ne se sont jamais vraiment mêlés aux mouvements sociaux qui ont enfiévré le Faubourg à chaque génération ! Pas de Jean-Louis, Eugène ou Théophile sur les barricades en 30 ou en 48, pas de Jean-Baptiste dans les rangs de la Commune : soucieux de leur statut, ils ont choisi de rester dans l'ombre à observer les évènements ou à se fondre dans la foule même s'il leur en coûtait de courber l'échine. Avec un nom aux consonances germaniques – quoique de fait juifs-hollandais – ils ont tous épousé, comme vous le savez très bien, des catholiques pratiquantes, baptisé leurs enfants et envoyé ceux-ci dans des écoles catholiques. Même si leurs convictions profondes s'apparentaient à celles des Voltaire, Saint-Simon et autres penseurs. Selon Maman, Grand-Père Théo disait souvent, au moment de la Commune : « Faisons ce qu'il convient et gardons pour nous nos idées ». Il était si semblable en cela à notre Grand-Père Guyot qu'on ne s'étonne pas qu'ils aient été si bons amis ! Jeune, mon père était plus nerveux, plus délibéré dans ses propos ; il tenait des Amiard. On sait, par grand-mère Marie-Elisabeth, que son frère n'a pas hésité à rejoindre les Communards (et y a laissé des plumes). Cependant, originaires du Loiret, et avec un nom bien français, les Amiard ne peuvent pas être accusés d'être des espions juifs au service de la Prusse ! Un Loeven par contre aurait bien de la peine à se défendre s'il était au banc des accusés !

Pour en revenir à Edouard, il est clair que lui, comme vous tous, sait fort bien à quel point les membres de l'armée et de la police sont exposés aux erreurs et injustices de leurs supérieurs. Il m'a dit qu'il n'est pas seul au commissariat à questionner les motifs de l'Armée et que l'esprit revanchard porte à bien des excès. Il se garde de prendre une position très nette, mais je sais qu'il a le cœur à gauche, près de ceux qu'il guide et surveille !

En ce qui me concerne, c'est simple : si on a du cœur, on se doit d'être du côté du plus faible, et si on a un peu de jugeote, on écoute ceux qui, comme Zola, ont bien examiné l'affaire avant de défendre celui qui est la victime d'accusations injustifiées. Celles-ci reposent surtout sur un antisémitisme odieux, indéfendable (mais sans doute dû en partie au scandale de Panama). Il est si facile pour les chefs d'accuser les officiers subalternes de trahison afin de se disculper ! Quelle honte pour la France, quel malheur pour les innocents ! Au fond je comprends les diatribes de Jules Vallès contre la droite ou les propos passionnés de Louise Michel, même si je ne partage pas toujours leur fougue…

Voilà, mes Chers, ce que je voulais vous dire un peu clairement, pour que vous voyiez bien que nos positions ne sont pas vraiment opposées. Et qui sait ? Peut-être que mes arguments vous tireront encore davantage du bon côté... Suis-je naïve ?

J'attends avec impatience de vous voir vendredi prochain,
VOTRE CLOTILDE

CE 6 NOVEMBRE 1899

Mon cher Am... (finissez comme il vous plaira),

Je suis rentrée ce soir si troublée par vos propos que je ne puis m'endormir. Qu'y avait-il dans notre discussion de si étonnant, de si troublant pour me déstabiliser ainsi ? Dans la paix de ma petite chambre, je vais essayer d'y voir plus clair et de partager avec vous les pensées qui me tracassent.

Pour commencer, il me faut le dire encore : NON, je ne suis pas votre maîtresse, tout comme vous n'êtes pas mon maître. Je suis, simplement, éperdument, votre amante, tout comme vous êtes mon amant. C'est une situation sans ambiguïté. L'amour est la raison unique de notre relation. Et je crois bien que vous m'aimez comme je vous aime. Votre générosité, vos inquiétudes à mon égard, votre soutien constant sont autant de preuves tangibles de vos sentiments. Je sais que vous reconnaissez les miens si identiques aux vôtres. Oui ! Nous pouvons aussi nous féliciter de ne pas trop chercher à contrôler la vie de l'autre, même si parfois nous (lisez JE) aimerions occuper une place plus visible dans cette vie... Jusqu'ici, ai-je raison ? Donc nous sommes AMANTS. Oui ! C'est une belle et juste proposition. Un état qui me convient, un bonheur qui me ravit.

Alors, me direz-vous, où est la source de votre trouble, de votre insomnie ?

C'est ce mot « maîtresse » qui m'assomme et me révolte. Vous savez comme moi que son sens dénote un mépris certain pour la femme, car il n'y a pas de correspondant masculin. En effet, en quoi ces femmes qu'on n'épouse pas sont-elles maîtresses de qui que ce soit ? En quoi prennent-elles pour vous, Messieurs, les décisions importantes ? Comment dirigent-elles vos actions ? Quand obtiennent-elles votre obéissance ? Le maître par contraste tient nos vies dans ses mains : tout choix, toute activité, tout sentiment même dépendent de son bon vouloir…

Il y a bien sûr la maîtresse d'école et la maîtresse des lieux, mais là s'arrête l'équivalence. Notre belle langue ne propose pas de maîtresses à danser, de maîtresses d'armes ou d'équipage, encore moins de maîtresse d'œuvre ou d'ouvrage. Où sont les maîtresses à penser, les maîtresses de conférence, les maîtresses de chapelle ? Qui oserait proposer une maîtresse de requête ou s'adresser à son avocate par un «mais bien sûr ma chère « Maîtresse », si l'on permettait aux femmes d'entrer dans les carrières du Droit ? Enfin où sont, parmi les peintres, les Grandes Maîtresses – alors que nous ne manquons pas de femmes dans ce domaine, même si elles ne sont pas encore assez nombreuses ?

Il y a évidement quelques « maîtresses femmes », mais celles-ci on les évite autant que faire se peut, et on en fait rarement sa maîtresse, justement !

Vous dire tout cela m'a soulagée. Je vois mieux l'objet de ma démarche. Il faut œuvrer pour améliorer l'éducation des filles, leur ouvrir toutes grandes les portes des lycées et des universités afin que ces carrières peu à peu s'offrent à elles. Elles y trouveront leur place, et nous un vocabulaire plus équitable. Alors, et seulement alors, ces expressions perdront leurs connotations dégradantes pour nous les femmes et les filles que vous dites tellement aimer !

Je vous entends rire du plus profond de votre gorge : tant mieux si mes idées vous égaient. Elles ne sont pourtant ni nouvelles, ni dignes d'une hurluberlue ! Vous, qui êtes un peu lettré malgré votre passion pour les automobiles, savez bien que Christine de Pisan et Madeleine de Scudéry ont bien parlé des femmes, qu'Olympe de Gouges et Pauline Léon ont fait preuve d'un grand courage, que Flora Tristan et notre Louise Michel sont des noms qui font rêver les jeunes filles assoiffées de Liberté, d'Egalité et de Fraternité (notez les majuscules).

Mais il ne s'agit pas de faire du « féminisme » comme disait M. Charles Fourier, à moins que ce ne soit Hubertine Auclert... Non, ne vous esclaffez pas, je ne lis pas *La Fronde*, quoique Marguerite Durand ait d'excellentes choses à dire sur l'égalité des femmes, selon mon cousin Jules (dont vous appréciez l'esprit). Lui se plonge dans ce journal religieusement. Et oui, allez savoir pourquoi ce célibataire endurci qui fêta hier ses 38 ans, lit ce journal entièrement conçu et publié par des femmes ! C'est peut-être sa façon à lui mieux comprendre son petit frère, Henri...

Cette soirée m'a un peu fatiguée. Je vais donc arrêter ici ma lettre mais laissez-moi simplement ajouter que je vous aime tel que vous êtes, profondément impliqué dans vos machines infernales. A ce propos, bravo pour le dessin de la toute nouvelle création; je reconnais le doigté de votre dessinateur sur cette « conduite intérieure » (comme vous dites si joliment) ! Vous devez être fier et rassuré sur l'avenir de votre entreprise !

> *Rien que votre... amante,*
> Clo

Ma Chère Eugénie,

J'espère que tu arrivas à temps, hier, à la gare de l'Est pour accueillir tes visiteurs. J'attends avec impatience que tu me racontes par le menu comment va ton cher petit cousin.

Je t'ai promis de tout te dire sur la suite de notre discussion avec les Amiard, puisqu'ils ont su piquer ta curiosité. Sache que la conversation quitta les anecdotes sur la vie dans le Loiret, la beauté du pont-canal de Briare et la rencontre de Thomas avec le grand Gustave Eiffel, pour prendre très vite un tournant inattendu autant que personnel; ils se sont permis de m'entretenir de ma relation avec Jean-Louis car ils la jugent « malencontreuse » ! Thomas ajouta que tous deux admiraient mes talents et mon esprit mais que, pour ce qui est de ma vie de femme, je manquais de discernement. Victorine a même susurré qu'il vaudrait mieux que j'y mette fin dès maintenant car, et je cite : « le destin de grande horizontale n'est pas enviable et malmène l'honneur de toute la famille ! »

Je suis restée une minute sans voix. Puis je leur ai demandé comment ils osaient me traiter ainsi alors que, loin d'être entretenue, je travaillais et participais pleinement aux dépenses de notre foyer et autres besoins de ma mère. J'ai même souligné le fait que mes origines plébéiennes ne me poussaient en rien vers une vie de frivolité, de tromperies, de scandale; que jusqu'ici j'avais su être discrète et digne de confiance, et que l'argent ne saurait se comparer au bonheur que procurent les sentiments vrais et le respect de soi. J'ai ajouté que je partageais le sentiment de Victorine sur le sort peu enviable des demi-mondaines, lesquelles se laissent souvent prendre aux miroirs aux alouettes agités par des bourgeois prisonniers de leur vanité, tout autant que de leur libertinage. Pour finir, j'ai insisté sur le fait que, si mes bons cousins trouvaient trop difficile de me fréquenter, vu mon attachement pour un homme « qui n'est pas pour moi », je comprendrais bien qu'ils ne m'ouvrent plus leur porte, à laquelle d'ailleurs je n'irai plus frapper. J'ai tourné les talons et les ai laissés en pleine rue, bouche bée. Ils ont dû regagner leurs pénates en pensant que j'étais décidément très déraisonnable et fort impertinente. Je me demande par ailleurs s'ils n'avaient pas été chargés de me « faire la morale » et de me « ramener dans le droit chemin » par quelque autre membre de la famille, mais le ou lesquels ? ? ?

Ce qui est presque plaisant, c'est que nos Amiard n'ont pas toujours observé la « moralité » qu'ils affichent aujourd'hui ! En effet, nous savons tous que leur fils aîné, Eugène, porta le nom de sa mère pendant quatre ans et que Victorine n'en menait pas large quand sa belle-mère présenta ce gentil gamin à la famille, la veille de son mariage avec Thomas. Comme tu le sais, la légitimité d'un enfant n'est pas une question pertinente pour moi, surtout si la mère trouve un homme heureux d'aimer cet enfant. Ceci dit, je ne regrette pas du tout ma colère et ne plus les revoir me convient parfaitement. Edouard, qui les voit d'ailleurs très rarement, m'assura que « ce ne sera pas une grande perte » quand je lui ai raconté l'incident. Je n'en ai, bien sûr, rien dit à Maman, mais je sais qu'elle ne les a jamais portés dans son cœur et ne tient pas plus que cela à les recevoir ; après tout ils ne sont que les neveux de sa belle-mère. Et bien que Maman ait apprécié la gentillesse de grand-mère Loeven, elle fréquenta peu les Amiard, même lorsqu'ils habitaient rue de Bercy. Ainsi se défont les liens familiaux…

Et toi, que penses-tu de tout cela ? Partages-tu mon indignation ? Ou bien ai-je été trop brutale ? Je dois dire que je me suis étonnée de la violence de ma réaction. Moi qui suis généralement calme et plutôt accommodante – trop parfois ? Je crois que je traverse une période de doute sur le pourquoi de mon existence. Mon malaise actuel est sans doute la cause de mon emportement, car je dois avouer que je suis à un moment de ma vie où rien n'est plus ni aussi simple, ni aussi clair qu'il y a seulement six mois. Il me semblait que tout était dit et que, selon mon choix, jamais je n'aurais une famille à moi. Ce choix, je l'ai fait au vu de mon expérience familiale, renforcée par celle de ma mère et de ma grand-mère : le mariage ne se termine-t-il pas, presque toujours, par la trahison, l'abandon, le deuil ? Ne faut-il pas préférer une relation qui dure mais qui peut se dissoudre si l'un de nous en voit la nécessité ? N'est-il pas vrai que si je me retrouvais seule demain, j'en serais désolée, mais pas vidée de toute ma substance comme tant d'autres le furent avant et devant moi ? La peine affine notre sensibilité, le désespoir nous détruit. Il faut éviter ce dernier autant que faire se peut. J'ai toujours pensé que si J-L décidait qu'un mariage avec une autre s'imposait, je tirerais ma révérence sans trop d'amertume. Après tout, c'est moi qui, il y a deux ans, ai refusé une union. Il n'eut pas l'air d'en souffrir beaucoup, il faut le dire ! Mais, jusqu'ici notre arrangement me – en fait – nous convient tout à fait.

Cependant, depuis Noël, un petit doute s'est insinué qui ne me laisse guère de repos. Bien sûr, tu es la première à m'avoir mise en garde lorsque j'ai refusé sa demande en mariage. La prudence aurait voulu que je le quitte pour de bon... Mais nous avons tant besoin de nous savoir admirées, aimées, respectées. Tu me l'as dit toi-même, bien des fois... Ta courte relation avec Jean Benoît étant plus houleuse, il te fut plus facile de la rompre et d'aller de l'avant. Mais pour moi c'était, c'est « la relation idéale » – ou presque. Jusqu'ici, Jean-Louis mena sa vie comme il l'a toujours voulu, à la fois fidèle dans son engagement mais sans attaches. Je suis, dit-il, l'amour de sa vie. Je lui apporterais l'équilibre nécessaire sans enfreindre la liberté dont il ne peut se passer. Cette liberté, cette indépendance moi aussi je la revendiquais, ce qui était souvent difficile étant donné sa tendance à tout contrôler – comme tu le sais... Mais cette indépendance a, tout à coup, perdu un peu de son attrait; et je ne sais pas vraiment pourquoi. Qu'est-ce qui a tant changé en moi, autour de moi ? Rien que je puisse déceler.

Je ne veux pas abuser de ta patience, je vais donc m'arrêter ici, mais sache que j'apprécie beaucoup ta perspicacité, ton incomparable intuition lorsqu'il s'agit de pénétrer l'âme humaine. Dis-moi ce que tu penses de tout cela. Dois-je rompre avec Jean-Louis, et épouser un vieux Monsieur ou un veuf un peu moins défraîchi ? Il y en a un certain nombre dans les coulisses du théâtre du Vaudeville ou de l'Ambigu (on ne saurait trouver un meilleur mot). Je plaisante un peu, mais mon malaise est réel. Viens à mon secours, mon amie.

Je serai en répétition à St Eustache jusqu'à 5 heures vendredi; veux-tu m'y retrouver ? Nous pourrions prendre le thé chez Stohrer, je sais que tu adores ses babas…

    A très bientôt, mon Amie, ma « Sauveuse »

    TA CLO

PS : Peux-tu rassurer ta petite Simone pour moi ? Dis-lui bien que je n'oublie pas sa requête, et lui enverrai le petit foulard de soie pour sa grande poupée, avant la mi-carême…

Embrasse-la pour moi ainsi que ton petit Paul-André et son papa.

☙

VIENNE, LE 30 JUIN 1902

Ma chère Eugénie,

Tenant ma promesse, je t'annonce la nouvelle que tu pourras partager avec Monsieur sans préambule : NOUS avons gagné ! Marcel s'est couvert de lauriers avec la petite K6. Tu es surprise ? Tu n'es pas la seule : rigoureusement personne ne s'y attendait.

Imagine plutôt : 1300 kilomètres en moins de 30 heures sur la route, soit une moyenne de 62,5 kilomètres à l'heure… Imagine encore qu'il a devancé 148 engins concurrents dont

104

les grosses cylindrées de Panhard et de Mercedes qui étaient parties gagnantes ! Nous n'en revenons pas. Louis est littéralement « enchanté ». Quelle réussite extraordinaire, n'est-ce pas ! Tu m'as dit il y a deux ou trois ans : « ce garçon ira loin ». Mais aurais-tu prédit qu'on relierait Paris à Vienne en moins de quatre jours dans cette petite voiture ouverte au vent et à la poussière des chemins ?

On explique ce grand exploit par la légèreté de la voiture sur les routes de montagne qui ne sont, comme on le sait trop bien, que virages agrémentés de ravines et de nuages de poussière aveuglante, puisque ces routes ne sont pas pavées. Il est donc extrêmement difficile de dépasser les concurrents et d'y maintenir une vitesse supérieure à celle d'un cheval ! Mais voici quelques précisions dans un langage que Monsieur comprendra sans doute : avec ses 4 cylindres en 2 blocs (?), ses 3770 centimètres cubes (?), ses 1100 tours (de quoi ?) par minute, et 24 chevaux-vapeur (je parle ici comme les initiés, quoique je ne sache vraiment pas ce que tout cela veut dire), la petite K6 a eu raison de tous les obstacles. Cette incroyable victoire est due à une bonne accélération en côte et une impressionnante tenue de route selon Louis, qui, pour sa part, n'a pas eu la maîtrise de son frère et a cassé une roue en essayant de doubler un rival, entre Bregenz et Salzbourg. Malgré ces belles explications, je veux surtout voir dans cette réussite la maîtrise de Marcel, notre grand champion-conducteur-coureur-pilote – il a bien droit à tous ces noms-là.

Et me croiras-tu si je te dis qu'il est heureux de son succès mais n'en tire aucun orgueil.

Marcel Renault au volant de sa K6.

Voilà un homme bien distingué ! Toutes ces dames recherchent évidemment sa compagnie. J'aurais, pour ma part, plus de réserve : la vie d'un champion de course automobile ne vaut pas chère. Qui voudrait vivre ainsi dans la crainte jour après jour ? Peut-être suis-je devenue trop timorée avec l'âge… En tous cas, l'attente des premières voitures sur la ligne d'arrivée à Vienne me donna un avant-goût de ce que les femmes de pilotes peuvent vivre.

Cependant, notre séjour en Autriche se poursuit le mieux du monde. L'atmosphère à Vienne est surchauffée : on vous présente à tout instant des personnes remarquables du monde de l'industrie et surtout de l'automobile. Les invitations pleuvent, les grands dîners se succèdent. Je me laisse guider sans résister le moins du monde dans cette effervescence continue, mais je ne suis pas toujours très attentive à ce qui se dit autour de moi : le monde des ingénieurs et des constructeurs – souvent les mêmes – est bien obscur pour ceux que l'art et la musique occupent. Si ton doux époux veut plus de détails sur la mécanique, les procédés et autres techniques, il faudra qu'il s'adresse directement aux ingénieurs responsables de cette prouesse…

On fait déjà des projets pour une course Paris-Madrid l'été prochain. Rien n'arrête le progrès ni l'ambition des jeunes gens de notre époque ; vous en savez quelque chose !

Voici donc, Ma très Chère, la nouvelle que les journaux vont sûrement vous apprendre dans ta lointaine province. Edouard a promis – et tu sais qu'on peut compter sur mon grand frère pour tenir ses promesses – d'acheter et de conserver *Le Petit Journal* pour qui voudra plus de précisions sur cet évènement célébré comme une victoire nationale. Pierre peut donc s'attendre à une belle discussion avec notre gendarme quand vous reviendrez sur Paris. Très bientôt, j'espère.

Parlant de voyage et de lieu, tes parents m'ont dit que vous comptiez vous installer à Lille, l'hiver prochain. Paris n'a-t-il vraiment plus aucun attrait pour toi, pour vous ? Je pense que tes parents, tout comme moi, seraient très heureux de vous avoir près d'eux; tes adorables gamin et gamine leur manquent beaucoup – j'en sais quelque chose ! Mais, bien sûr, vos décisions tiennent essentiellement aux besoins de la carrière de Pierre; donc je me dois de vous soutenir plutôt que de me plaindre. Je dois aussi te remercier de me donner une si belle portion de ton temps. Je te demanderai simplement de m'écrire rue de la Forge Royale à défaut de venir nous y rendre visite. Je te promets de te tenir au courant des derniers potins de la rue du Ranelagh.[5]

> *Je vous embrasse tous les quatre très affectueusement,*
> Clotilde

PARIS, VENDREDI 3 OCTOBRE 1902

Ma très chère Eugénie,

Merci mille fois pour ta lettre si charmante et les nouvelles si rassurantes. Mais ton absence hier soir s'est fait sentir : ton esprit de répartie nous a manqué. Ceci dit, qui eût cru qu'un anniversaire aussi encombrant pût être aussi joyeux ? Il faut dire que je le partage avec notre grande Sarah Bernhardt, qui, elle, a atteint cinquante huit ans, si j'en crois mes sources indiscrètes... Alors comment pourrais-je m'attrister sur mon sort ? Avoue aussi que j'ai plus à célébrer que la pauvre Julie d'Aiglemont,[6] que nous sommes contraintes de plaindre, tant Balzac s'apitoie sur son sort. Non, la femme de trente ans que je suis ne voit pas la fin de toute faim, tant s'en faut !

Alors que je te dise vite comment nous avons célébré hier

soir cet heureux événement, avec les inséparables trois frères Renault, Jeanne, Suzanne et moi, ni plus ni moins – Jean-Louis étant à Londres jusqu'au 9. En début de soirée nous avons assisté à un spectacle captivant, *Francesca da Rimini*, au Théâtre de Sarah Bernhardt; et ensuite un délicieux dîner juste en face, au Zimmer : une soirée magnifique qui aurait réjoui la plus triste des femmes trentenaires.

Le choix de la pièce n'est pas sans intérêt, car il nous a placés devant une évidence : la jalousie des uns fait toujours le grand malheur des autres... Ainsi, tu te souviens peut-être de ce passage de *la Divine Comédie* (sur laquelle est basée la pièce de Marcel Schwob) où Francesca da Rimini, mariée à un homme qu'elle n'aime pas, s'éprend de son jeune beau-frère, le très séduisant Paolo. Le mari les surprend échangeant un baiser et, fou de jalousie, les tue d'un seul grand coup d'épée. Tu vois, on ne peut pas imaginer une pièce plus romantique et édifiante !

La conversation au cours du repas porta, sans surprise, sur le mariage arrangé – ou non, l'amour impossible et la jalousie malencontreuse. Nous étions heureux d'avoir échappé, jusqu'ici, à ce destin catastrophique. Puis nos rires furent interrompus par le serveur qui nous apportait notre gâteau – délicieux !

Mais revenons à la pièce. Notre glorieuse comédienne Sarah Bernhardt (sur la scène de son propre théâtre et oui...) tenait le rôle de Francesca da Rimini dans cette œuvre qu'elle a elle-même « exigée » de Francis Crawford; sans doute pour égaler celle de Stephen Phillips, laquelle a eu un grand succès à Londres au printemps dernier, comme tu le sais. Cependant, malgré des décors magnifiques et un jeu de scène à la hauteur de sa réputation, cette pièce n'a pas suscité en moi la même émotion que la symphonie de Tchaïkovski. Peut-être notre

Dame Bernhardt est-elle un peu trop âgée pour ce rôle de jeune amoureuse dans les mains d'un destin impitoyable.

Tous n'étaient pas d'accord avec moi, mais c'était surtout pour ne pas me laisser le dernier mot; tu sais comme Fernand aime imposer sa vision des êtres et des choses – particulièrement à Jeanne (qui ne contredit jamais son mari). Cependant, la soirée s'est fort bien passée dans la chaude atmosphère du Zimmer. Quel endroit agréable dans son décor si bien adapté au goût du jour ! On y rencontre les gens les plus en vue; ainsi, Camille Pissarro en sortait quand nous sommes entrés. Eh oui ! Il faudra que nous y allions lorsque vous viendrez à Paris. Mais rassure-toi, tu n'es pas obligée de manger de la choucroute, même si les patrons, Alsaciens, la présentent comme étant la meilleure de Paris. J'ai, pour ma part, préféré une tranche de rôti de veau, délicieux. Et leur bombe glacée rivalise avec leur très fameuse *Apfeltorte*. Donc un lieu où il fait bon dîner avec nos amis et que Pierre et toi apprécieriez tout autant que moi.

Il me faut mentionner le gentil cadeau que les frères Renault m'ont offert : un très bel écrin contenant deux fume-cigarettes (un court et un long) en ivoire; une petite merveille qui, selon Louis, sera l'objet le plus en vue d'ici deux ou trois ans. On me veut à la pointe de la mode… En fait, je ne fume pas beaucoup, et seulement en leur compagnie. Inutile de te dire que Maman n'apprécie pas la fumée et préfère ne pas savoir que sa précieuse fille fume, de temps en temps… Elle évite aussi de mentionner J-L car il lui est encore très difficile d'accepter ma « situation », en dépit des nombreuses discussions que nous avons eues concernant ma position vis à vis du mariage. Oui, le silence plutôt que la vérité ! Deviendrons-nous comme elle en vieillissant ?

Ma chère Eugénie, raconte-moi en détail les progrès de Pierre dans son nouveau poste d'inspecteur, les polissonneries de tes adorables gamins et ta nouvelle « occupation » dans votre cathédrale. Ta voix y fera des merveilles ! Mais il me faut te quitter car j'arrive au bout de ma chandelle et j'ai encore à dessiner avant de trouver le sommeil "réparateur" que réclament mes nombreuses années. Ne ris pas, toi qui n'es ma cadette que de huit mois !

> *J'attends votre retour avec impatience, et vous embrasse tendrement,*
> Ta Clo

೮-つ

PARIS LE 13 NOVEMBRE 1902

Ma chère Amie,

Ta lettre m'est parvenue avec un peu de retard; les postiers auraient-ils perdu de leur efficacité au vu de ce temps froid et sombre ? Mais ceci ne m'empêche pas de beaucoup apprécier tes questions. En effet, ta curiosité bien placée me réchauffe le cœur et me montre que tu te soucies vraiment de mon bonheur. C'est donc avec plaisir que je vais te répondre. Mais avant cela, je veux te dire encore que, concernant mes relations avec Jean-Louis, tu es la seule personne avec qui je puisse vraiment partager mes réflexions. Et tant pis si la plupart des questions que nous nous posons restent sans réponses.

Venons-en à ta demande concernant la vraie nature de ces relations. A vrai dire, je ne suis pas sûre de pouvoir les décrire avec précision. En effet, notre attachement repose maintenant sur une amitié profonde, un sentiment des plus forts. Et cela parce qu'au cours de ces derniers mois, nos élans amoureux se sont peu à peu transformés, ils ont perdu de leur importance. Et je ne sais pas vraiment si mon refus de l'épouser est la cause de ce changement ou sa conséquence. Je pencherais plutôt pour la cause. Cependant je suis heureuse de cette décision, car, comme je te l'ai dit, il y avait trop de choses que je ne pouvais accepter : sa fortune, sa passion envahissante pour ses machines, son incapacité à sortir de son monde à lui, son appétit des femmes. Tout cela a peu à peu grignoté cette passion amoureuse. Mais une réelle affection nous lie; et je sens qu'elle durera.

Ai-je jamais eu l'espoir de l'épouser ? Franchement ? Non. Tu sais que je me méfie de cet engagement. Et je n'ai jamais rencontré un homme qui me mettrait tout à fait à l'aise; un homme en qui je pourrais avoir une confiance absolue. Je ne sais pas même si un tel homme existe – à l'exception de ton noble époux, bien sûr !

Tu me diras que je me prive du bonheur d'avoir des enfants. Et je te comprends étant donné mon attachement à ta Simone et à Paul André. Tous deux sont des êtres charmants, irrésistibles ! Tu sais comme j'aime passer des heures avec eux, comme je les gâte – trop peut-être… Mais je ne peux penser à avoir des enfants à moi. Cet aspect de la vie des femmes est trop lié à l'existence du couple. Etant célibataire et décidée à le rester, je ne me vois pas dans le rôle combien douloureux de fille-mère. Un enfant né de père « non dénommé » n'est pas de mise dans notre monde bourgeois et patriarcal – et je ne saurais priver un enfant de l'amour, du soutien de son père. L'affection de mes « filleuls » me suffira donc.

Vieillir seule ? Ce sera donc mon lot, à moins qu'Edouard ne se décide au mariage. Cela me permettrait, peut-être, d'avoir des nièces et neveux susceptibles de prendre soin de leur tante. Voici une solution fort peu probable, car lui aussi s'est bien gardé jusqu'ici de convoler, de trouver une âme sœur (pas moi, sa sœur, évidemment – expression intéressante s'il en est !).

Voici donc mes réponses succinctes à tes questions. Vois-tu

mieux où j'en suis ? Ton expérience de femme (si bien) mariée va-t-elle te permettre de mieux éclairer notre lanterne ? Penses-tu réellement qu'une meilleure compréhension des faits et de nos impulsions puisse changer le cours des choses sinon notre avenir ? Il se peut que, grâce à une certaine « sagesse », nous fassions des choix plus « raisonnables ». Mais, en fait, mieux saisir tout cela nous permet surtout de mieux accepter ce destin, de vivre pleinement, sans trop de regrets et, au fond, de trouver la paix.

Sur ces paroles par trop « philosophiques », je te laisse à tes occupations multiples et te souhaite une semaine pleine de joie et de petits bonheurs auprès de ta famille chérie.

TA CLOTILDE

PARIS LE 24 MAI 1903

Mes chers amis,

Mille fois merci pour vos pensées et condoléances. Oui, nous sommes dévastés et tout aussi surpris. Pourtant cet accident, cette mort brutale étaient prévisibles; j'y pensais sans cesse. Mais le plaisir, l'excitation que procure la course automobile (ou autre) sont trop puissants pour ralentir le héros, le gagnant à venir. Pierre, vous êtes mieux à même de comprendre ces sentiments qui nous laissent pantoises, nous, les femmes par trop craintives, trop sentimentales aussi, peut-être ?

Oui, j'ai perdu un grand ami, mais comment pourrais-je mesurer le désespoir de Marthe Renault ? Marcel était son favori à bien des égards. Fernand est tout aussi choqué et sa santé s'en ressent. Nous sommes tous plongés dans ce deuil...

Il faut dire aussi qu'il y a eu quatre autres coureurs et trois spectateurs qui ont trouvé la mort au cours de cette course folle. On parle peu d'eux, mais ces êtres méritent tout autant nos pensées et nos regrets.

Dieu merci, l'unique femme, Camille de Gast, qui participait à la course s'en est tirée saine et sauve, mais elle est loin d'avoir gagné...

Louis, malgré sa grande victoire, voit cette tragédie comme un signe du destin. Il veut maintenant concentrer son énergie sur la fabrication de ses voitures et leur système de freins en particulier, et non sur la course, la compétition. Celle-ci sera confiée à de jeunes « professionnels » que seul le challenge préoccupe.

Voilà, mes amis, tout ce que je peux vous dire pour l'instant. Dans quelques mois nous y verrons plus clair, j'espère ! Mais notre tristesse n'en est pas moins profonde.

Prenez bien soin de vous et de vos petits. Soyez prudents, autant que faire se peut !

Je vous embrasse très fort,
Votre bien triste Clotilde

PS : Oui, Eugénie, tu as raison, l'accident a eu lieu dans le Poitou, à Couhé-Vérac. Ce village marquait plus ou moins le premier quart de la course Paris-Madrid.

ʕ·ɞ

PARIS, CE 12 JUILLET 1903

Ma Chère Eugénie,

Ta lettre, pleine de détails captivants concernant tes adorable gamins, est arrivée juste à temps pour me redonner du courage – ce dont j'ai grand besoin...

En effet, tout est dit : Jean-Louis et moi sommes séparés – sans cris ni larmes.

Oui, nous restons amis. C'est-à-dire que je peux compter sur lui si je suis dans le besoin, et il peut me joindre si son humeur le lui demande. J'apprécie son amitié qui sera assurément fidèle, mais je ne sais pas vraiment où j'en suis. Et pourtant, je m'y attendais; depuis quelques mois notre relation était des plus ténues; nous ne partagions plus ces moments de douceur, ces soirées enivrantes, ces discussions exaltantes. Nos chemins s'écartaient de plus en plus.

Le pourquoi de ce changement de situation est pour moi assez clair. Après le décès de son père et de son frère, un grand besoin de reconstruire une famille s'est emparé de lui. Il veut trouver une femme qui acceptera de l'épouser et lui donner des enfants. Il se pourrait qu'il ait quelqu'un en vue, mais là n'est pas la question. En ce qui me concerne, j'ai refusé sa demande en mariage; je n'ai pas pu faire ce saut, lui donner ce dont il a tant besoin.

Comme tu le sais, je ne peux m'empêcher de penser que le mariage est un étau. Et pourtant j'ai autour de moi des exemples d'unions heureuses : la tienne en particulier ! Ai-je perdu la raison ? Ce n'est pas impossible, mais à quoi bon s'interroger ? Il me faut aller de l'avant. Ce qui ne sera pas trop difficile car je trouverai, sans aucun doute, le remède apaisant auprès de ma famille et de mes amis – dont tu es le porte-drapeau !

Vois-tu, t'écrire tout cela me redonne déjà une certaine confiance en moi et un peu de cette fougue que tu apprécieras, comme toujours.

Je te récrirai très bientôt. En attendant tiens-moi au courant des progrès que fait Paul André en lecture. J'ai ici plusieurs petits livres à lui donner.

Je vous embrasse tous les quatre bien fort,
CLO

ↄ℃

Mon Cher Auguste

Maman, Edouard et moi t'espérons toujours en bonne santé et heureux d'être dans cette belle ville de Londres. Nous avons bien reçu tes souhaits de fin d'année en réponse aux nôtres. Que Dieu veuille qu'ils se réalisent tous !

Un de nos vœux vient justement de s'accomplir, puisque nous déménageons demain; Edouard a, en effet, trouvé pour nous un logement des plus pratiques rue Crozatier, au coin de la rue des Citeaux, que tu connais bien.

Nous quittons la rue de la Forge Royale sans regret, malgré nos habitudes, car nous nous y sentions de plus en plus à l'étroit. Cette fois, chacun aura enfin une chambre à soi, et j'aurai assez de place pour travailler dans la mienne. Il s'agit d'un appartement au cinquième étage donnant sur la rue avec belle vue sur la Tour Eiffel, dans un immeuble neuf. Quelle différence avec celui que nous laissons ! Nous aurons désormais, en plus des trois chambres, une belle salle à manger avec balcon, une petite cuisine avec une petite fenêtre sur la cour, et un cabinet de toilette. Le cabinet d'aisance est sur le palier, juste en face de notre porte d'entrée. En somme, un logement où il fera bon te recevoir. Je me dois d'ajouter que les meubles signés Loeven y retrouvent toute leur jeunesse : Maman est déjà bien occupée à les nettoyer et à les cirer avec vigueur, ce qu'elle n'avait pas fait depuis quelques mois…

Je crois que ce changement lui fera le plus grand bien. Le Faubourg lui pèse. Nous n'en serons pas éloignés, donc elle pourra toujours garder ses clientes les plus fidèles; mais en même temps elle ne sera pas confrontée jour après jour à ces lieux qui l'ont connue si heureuse, puis si amère, et ce depuis plus de vingt ans…

La proximité du marché d'Aligre et du Boulevard Diderot n'est pas faite pour nous déplaire. Enfin l'église St Eloi, que tu ne connais sans doute pas, est moderne, claire et bien plus accueillante que Sainte Marguerite, trop pleine de deuils pour nous. On ne saurait demander mieux que ce déménagement ! Nous attendons donc visite et courrier à l'adresse suivante : 46, rue Crozatier, Paris 12ème.

Parlons un peu de toi : comptes-tu rester à Londres, ou vas-tu opter pour Buenos Aires ? Et qu'en est-il du Canada ? Ton parcours m'intrigue : peut-on réellement faire fortune en vendant des meubles anciens ? Selon tes parents il semblerait que oui, car, artiste de talent, tu as aussi le sens des affaires; bravo ! J'admire beaucoup ton amour du voyage, ta faculté d'adaptation. Et tes entreprises nous rappellent que tu es bien un Guyot ! Je n'en dirais pas autant d'Edouard, qui dit se sentir très à l'aise dans ses fonctions de « gardien de la paix » et ne pas regretter le travail du bois. Je ne suis pas sûre de le croire, mais j'ai moi aussi abandonné l'idée de devenir une harpiste renommée et me contente de quelques petits concerts ici et là et, parfois même, à Saint-Eustache.

L'heure du courrier approche, donc je m'arrête ici. Sache que nous attendons de tes nouvelles avec impatience, et que nous t'embrassons bien affectueusement,

CLOTILDE

Maria Loeven apprécie la vue du balcon dans leur
nouvel appartement au 5eme étage, 1913.

*Clotilde Loeven,
1912 & 1932*

Chapitre III
Cet autre soi

Lettres de Mars 1910 à Janvier 1942 envoyées à

Eugénie

Auguste Guyot

Alexandre et Rose Guyot

Angèle, la belle-soeur de Clotilde

Jacqueline, la fille d'Angèle, nièce de Clotide

Louis Renault, un vieil ami

Mon cher Auguste

J'espère que les postes pourront acheminer ma lettre vers Bordeaux sans trop de difficultés, maintenant que la crue s'est dissipée. Je veux simplement te rassurer. Edouard surmonta cette situation catastrophique en donnant beaucoup de lui-même : bien des nuits sans sommeil, et une frustration insupportable quand il dût constater qu'il ne pouvait guère aider tous ces gens qui, ayant tout perdu, se trouvaient dans la plus grande détresse.

La grande crue de la Seine en janvier 1910

Les dégâts sont en effet inimaginables dans les rez-de-chaussée : c'est-à-dire, non seulement dans les appartements, mais aussi et surtout, dans les ateliers, les magasins, les fabriques, les petits commerces de quartier, sans parler des caves : tout leur contenu est totalement détruit.

La rue Crozatier ne fut pas épargnée, étant donné la proximité de la Seine et du canal de l'Arsenal. D'ailleurs, notre petit épicier et le libraire qui lui est adjacent ont tout perdu.

Leur parler t'arracherait le cœur ! Tu peux donc imaginer combien nous sommes heureux d'habiter au 5ème étage !

Ajoute à cela des montagnes de détritus qui encombrent les rues et les jardins. Je ne vois pas du tout comment notre ville retrouvera son équilibre, et nos Parisiens le sourire!

Par contre, nous pouvons à nouveau boire de l'eau sans trop nous inquiéter. Mais nous restons vigilants.

Voici une autre nouvelle assez agréable : Edouard a reçu une augmentation substantielle de salaire de 100fr. ce qui compense largement les pertes de Maman dont les clientes furent, en grand nombre, affectées par l'inondation. De plus, ses outils et ses tissus n'ont pas été abimés, au contraire de ceux de tant d'autres couturières!

Quant à moi, n'aie aucune inquiétude : je travaille toujours pour mon soyeux lyonnais et la maison Blanchet qui, éloignée de la Seine et ses affluents, n'a subi aucun dommage, et bénéficiera sans doute de la déroute actuelle d'un bon nombre de ses concurrents.

Je te laisse en espérant recevoir bientôt de très bonnes nouvelles de toi.

    Bons baisers,
    C<small>LO</small>

MARDI 11 NOVEMBRE 1913

Mon cher Auguste

Je t'espère en meilleure santé et bientôt prêt à poursuivre ton voyage vers les Antilles, comme prévu. J'aimerais tant faire partie de cette aventure!

Sachant à quel point notre cousin Candide aima cette Guadeloupe accueillante, je me demande si ce n'est pas son engouement qui te dirige vers ces horizons ensoleillés… En effet, je crois de plus en plus, en vieillissant, que nous sommes tous profondément marqués par ceux qui nous entourent, même si nous proclamons notre indépendance d'esprit! Ainsi nous arrivons aux mêmes conclusions, aux mêmes choix. Il est temps de reconnaître les limites de nos raisonnements et le poids de notre inconscient comme l'a si bien montré Karl Von Hartmann – j'attends de toi un petit signe d'admiration vue l'étendue de mon savoir…

Mais je ne t'écris pas pour t'engager dans une discussion philosophique, mais pour t'annoncer avec grand plaisir que j'ai trouvé un nouveau logis, un beau deux-pièces au rez-de-chaussée d'une maison toute neuve, au 73 rue du Bois-Bonnet à Maisons-Lafitte. Eh oui, je serai bientôt (dans trois jours en fait) installée dans cette banlieue assez huppée de notre capitale. C'est, bien sûr, grâce à notre bon ami Alfred de Berlantier que j'ai cette chance : il connaît la propriétaire.

Mon départ de la rue Crozatier n'est pas dû à mon désir, si longtemps réprimé, « d'indépendance ». En fait, il s'avère que Maman a de plus en plus de mal à monter nos cinq étages. Edouard recherche donc un appartement en rez-de-chaussée dans le quartier d'Aligre, pas trop loin de son commissariat. Or on sait que les rez-de-chaussée comptent rarement plus de deux chambres… Tu comprends maintenant pourquoi je quitte le cocon familial sans trop de remords. De plus, je serai beaucoup plus proche de mon employeur qui se trouve à Argenteuil.

J'ajouterai que ce beau temps estival, inattendu, va faciliter mon déménagement ; lequel sera simple étant donné le peu de choses en ma possession.

Donne-nous très bientôt de tes nouvelles, sinon je devrai m'adresser à tes parents!

Ton adorable cousine qui t'embrasse bien fort,
CLOTILDE

✌

Mon cher Auguste,

Merci mille fois de ta lettre et des bonnes nouvelles. Nous sommes heureux que tu aies rencontré cette jeune artiste parisienne pleine de charme, à Londres, et que tu envisages de l'emmener à Montréal avec toi. Il se pourrait en effet qu'elle t'aide à étendre le champ de tes affaires, vu le prestige des Françaises dans ce Canada si attaché à ses racines. Donne-nous plus de détails sur cette jeune Marie, et sur tes activités commerciales et autres, afin de satisfaire notre curiosité qui, comme toujours, se veut bien placée!

Une autre bonne nouvelle : tes parents sont passés à la maison dimanche dernier, et nous avons eu bien du bon temps en partageant souvenirs et bons petits plats! Maman apprécie beaucoup l'esprit de ton père (son cousin préféré!), un esprit qui lui rappelle celui de son grand-père ; « un vrai Guyot, » dit-elle…

Par ailleurs, le déménagement rue de Chaligny fut une bonne idée, car Maman et Edouard s'y plaisent bien. Il faut dire que les grandes fenêtres sur rue et sur cour devraient faire entrer beaucoup de lumière, quand la pluie aura enfin cessé, ce que tout le monde attend avec impatience. En fait, nous avons rarement vu un mois de mars aussi pluvieux, mais que pouvons-nous faire pour contrer les décisions du ciel ? Nous pouvons nous amuser.

Venons maintenant à ta question concernant la mi-carême : Oui, nous l'avons bien célébrée, en fait ce fut un jeudi des plus fous, dans la grande salle de la mairie du 12ème. L'accent était mis sur la danse : pas de quadrilles, mais des polkas, des mazurkas, des valses, des boléros, et bien sûr des tangos qui t'auraient enchanté toi qui ressens dans chacune de tes fibres le rythme argentin ! Ce qui n'est pas mon cas, mais Edouard est plus proche de toi dans ce domaine.

En effet, je peux dire qu'il s'en est donné à cœur joie, en passant beaucoup de temps avec Angèle, la jeune tourangelle qui a longtemps travaillé chez les de Forestier. Tu te souviens peut-être d'elle : assez grande, blonde aux yeux bleus. Elle danse plutôt bien, et semble apprécier les boutades de ceux qui l'entourent ; mais je ne crois pas qu'Edouard fera de cette Angèle une compagne à long terme : elle est de vingt ans sa cadette et ne me semble pas très éduquée… Qui vivra verra! En attendant leurs valses endiablées ont attiré l'attention et les applaudissements de la salle, au grand dam des messieurs, célibataires ou non, en mal d'admiratrices. Je n'ai donc pas eu de mal à trouver des danseurs plutôt charmants et amateurs de mazurka malgré mes 42 ans… Tu sais comme je trouve cette danse à trois temps captivante grâce aux œuvres de Chopin et Saint-Saëns qui résonnent en moi dès que piano et accordéon s'en emparent… Ce plaisir de la danse ne me guida pas pour autant vers un homme à séduire. Tant pis, ce sera pour la pro-chaine fois.

> *Voilà donc, pour l'instant, les nouvelles de tes cousins, lesquels pensent beaucoup à toi et te souhaitent un séjour très agréable à Londres. « See you soon »*
> CLO

PS : Tu peux constater que mon anglais est toujours présent, grâce à toi…

Ma chère Eugénie,

Quel plaisir d'avoir pu passer ces quelques jours avec toi et tes enfants! Ce fut le plus beau cadeau de Pâques que l'on ne m'ait jamais offert! Inutile de te redire aussi combien je me réjouis de votre retour sur Paris l'hiver prochain.

Oui, nos vies ont bien changé, mais cela n'a en rien réduit notre amitié ; en fait elle s'est approfondie. Quelle chance nous avons! Quelle aubaine de pouvoir compter l'une sur l'autre quels que soient nos besoins ou circonstances! Tu ne peux savoir à quel point je t'en suis reconnaissante.

Mais ne nous attardons pas trop sur nous-mêmes, et venons en aux nouvelles que tu réclames. Cette dernière amourette d'Edouard ne durera certainement pas plus longtemps que les précédentes, bien que cette Angèle soit jeune, solide et dévouée. On serait tenté de croire que, vu ses 48 ans, mon frère pourrait essayer de se « caser » ; mais j'en doute car il partage ma réserve vis à vis du mariage. De plus, Maman ne voit pas cette relation d'un bon œil, car son fils est l'homme sur lequel sa vie repose. Elle ne peut imaginer qu'il la quitte ; aucune femme ne peut le lui prendre... Je ne sais d'ailleurs s'il le ferait à moins d'être follement amoureux, ce qui n'est apparemment pas le cas, cette fois encore.

Je dois ajouter que mon frère ne partage guère les détails de sa vie amoureuse avec moi, et cela depuis toujours, alors que je n'ai jamais hésité à lui parler de la mienne, ni à lui demander son avis – quoiqu'il ne semblât guère comprendre mes élans, mes besoins amoureux. Nous avons même eu des disputes animées au sujet de ma liaison avec Jean-Louis, pendant des années. Je pense qu'il me considérait comme une gamine entêtée qui pensait que tout lui était permis! Je ne sais ce qu'il pense maintenant de ma vie de femme solitaire...

Pour revenir à la relation d'Edouard avec cette jeune femme, je dirais simplement qu'il est encore trop tôt pour s'en faire une idée claire. Quand les choses auront avancé, je m'empresserai de satisfaire ta sollicitude (le mot « curiosité » n'étant pas de mise dans notre milieu).

En attendant, nous allons vivre un printemps agréable et penser à votre venue à Paris en Juin. Je vous accueillerai à Maisons-Laffitte avec le plus grand plaisir!

Je vous embrasse tous les cinq très fort,
TA VIEILLE CLOTILDE

⟨⟩

MAISONS-LAFITTE, JEUDI 13 AOÛT 1914

Ma très chère amie,

Je suis heureuse de vous savoir tous à Limoges loin de ces terribles circonstances, et surtout du fait que ton fils ne soit pas encore mobilisable. Mon petit-cousin, Jean-Paul Boucher d'Argis, et tant d'autres de nos amis n'ont pas eu cette chance. Que Dieu écoute nos prières et les protège...

Nous avons pris la résolution rassurante d'emmener Maman chez moi à Maisons-Lafitte où elle sera moins exposée aux attaques ennemies, tout comme tes parents qui ont eu la bonne idée de vous rejoindre à Limoges pour la durée du conflit – que nous espérons très court.

Cependant, nous sommes comme tant d'autres, terriblement anxieux. Maman, qui a connu les horreurs de la dernière guerre, est épouvantée. Elle avait tant souffert du siège et de la famine qui s'ensuivit et dura plus de quatre mois! Aujourd'hui, selon Edouard, il faut s'attendre à des bombardements intenses sur la capitale et ses environs étant donné les progrès atteints dans le domaine de l'artillerie lourde et notamment les canons prussiens à longue portée. Il va sans dire que Maman et moi nous inquiétons beaucoup pour Edouard et nos amis et cousins restés dans notre capitale. Mais que pouvons-nous faire ?

Les journaux nient la possibilité d'un Paris envahi et occupé, mais il m'est difficile de garder un tel espoir en face d'une armée prussienne si puissante, si bien préparée.

Oh, mon Eugénie, tous ces évènements sont si effrayants, que je ne peux penser à rien d'autre. Je vais donc m'arrêter et poster ma lettre, au plus vite, afin qu'elle te rassure sur notre sort. Espérons que le service des postes ne sera pas interrompu et que je pourrai te lire sous peu.

Merci de bien vouloir communiquer mes meilleures pensées à tes parents.

> *Avec toute mon affection et mes prières pour que vous restiez tous sains et saufs!*
> Ta Clotilde

⳼

LUNDI 26 OCTOBRE 1914

Mon Cher Auguste,

Merci de ta courte lettre nous annonçant ton retour de Montréal et ta nouvelle adresse à Londres. C'est donc à moi, qui suis aujourd'hui à Paris, de te répondre.

Tout d'abord, nous sommes heureux d'apprendre que ta santé est meilleure et que ce nouveau traitement est plus efficace que ceux suivis jusqu'ici. Cependant, il faut considérer la gravité de cette persistante fistule comme bienvenue, car elle t'a peut-être sauvé la vie ! En effet, quand on considère l'hécatombe de ces trois derniers mois, il est clair qu'être réformé est un grand privilège, quelle qu'en soit la raison. D'ailleurs, c'est devenu le rêve de bien des jeunes gens qui jusqu'ici se considéraient comme de vrais patriotes… Je suis sûre que tes parents

se félicitent, tout autant que nous, de ton départ pour l'Angleterre, ni l'un ni l'autre n'étant particulièrement « revanchard »,
bien qu'ils aient connu les horreurs du siège de 70.

Comme tu peux l'imaginer, les nouvelles du front nous
occupent sans discontinuer. Les avions de reconnaissance
survolent Paris ; des régiments entiers passent par les gares
parisiennes ; tout le monde s'inquiète du ravitaillement des
troupes ; on ne nous donne pas de chiffres sur les pertes
en hommes, mais l'appel des réservistes en dit long. En fait
j'ai bien peur que les massacres ne fassent que commencer.
Ni Edouard ni moi ne croyons à une guerre rapide ; les
Allemands sont trop bien préparés pour être défaits aussi
facilement qu'on veut nous le faire croire. Il faut avouer que
le départ du gouvernement et la déclaration de Paris comme
place forte sous gouvernement militaire ne sont pas faits pour
nous rassurer. Maman ne vit plus ; elle imagine que l'armée
ennemie va pourchasser nos dirigeants jusqu'à Bordeaux, ne
laissant que ruines sur son passage. Il faut dire que sa peur
nous gagne depuis que les Allemands ont occupé Senlis, et
ce en moins d'un mois ! Les efforts de nos troupes pour
les repousser sur la Marne ne les ont pas empêchés, taxis

Faute de bus et de camions, l'armée française réquisitionna tous les taxis parisiens pour transporter les soldats près du front, en septembre 1914, pendant la bataille de la Marne, ne laissant que peu de bus pour les civils.

ou non, de s'emparer de Reims. Tu sais comme l'incendie de la cathédrale le 19 septembre a révolté l'ensemble des Français et, je crois même, quelques Allemands… Après tout, c'étaient des soldats blessés du Kaiser qui occupaient alors la cathédrale, transformée en hôpital de campagne !

Ce qui nous terrifie c'est l'idée que les bombardements aériens ne manqueront pas de viser Paris. Lunéville n'est pas si loin et la riposte des aviateurs français va pousser l'Allemagne à intensifier les attaques. Les Parisiens ne savent pas trop à quels saints se vouer. Ceux qui le peuvent s'en vont à la campagne mais, pour la plupart d'entre nous, la fuite n'est pas même imaginable : il faut espérer que le pire nous sera épargné. Edouard, en tant que gardien de la paix et vu son âge, reste à son poste, ce qui nous rassure, surtout Maman qui ne se voit pas vivre sans lui.

Mais parlons de choses plus anodines : sa petite « amourette » avec Angèle Schmit est terminée depuis plusieurs mois : Edouard n'était pas prêt à répondre aux attentes de cette jeune femme plutôt sympathique. Je m'abstiens de tout commentaire, car on ne dit pas à un Loeven comment mener sa barque…

Et toi, où en est ta relation avec Marie ? Tu ne nous as pas dit comment tu l'avais rencontrée, ni pourquoi elle se trouvait à Londres. Mais il vaut mieux respecter ta discrétion, qui est, sans aucun doute, légitime ou nécessaire. Je m'arrête donc, et espère simplement que cette lettre te parviendra assez vite, l'acheminement du courrier devenant de jours en jours plus aléatoire.

Ta Clotilde, qui attends de tes nouvelles
avec grande impatience.

❦

Mon cher Auguste,

Grand merci pour ta lettre que nous avons reçue lundi, et qui nous a rassurés sur votre vie à Londres. Nous nous réjouissons de te savoir capable de mieux marcher après ce douloureux tour de reins – il faut, comme tu le dis, être patient.

De ce côté de la Manche, rien de bien nouveau : la santé de maman continue de se dégrader ; ce qui n'est pas surprenant vu son âge et ce diabète persistant. Edouard est très occupé au commissariat, comme tu peux l'imaginer, et moi aussi, vu le nombre considérable d'uniformes à livrer chaque semaine. Par ailleurs, je ne vais pas te parler de ces batailles dont tu lis les rapports dans les journaux anglais, ni de la grève des tramways ou de la misère et de la peur qui nous habitent depuis plus de deux longues années. Non, je vais te raconter quelque chose de plutôt réjouissant que je viens tout juste d'apprendre et qui va te surprendre : Edouard a revu Angèle Schmit! Eh oui! Marie et toi avez donc perdu votre pari et j'attends votre retour pour savourer ma victoire en votre compagnie…

Voici donc quelques détails qu'Edouard a partagés avec moi hier soir, loin des oreilles de Maman : Dimanche, en fin de soirée, mon gentil frère s'est trouvé face à Angèle sur le quai du métro ; il s'avère qu'elle est surveillante à la station Reuilly depuis quelques mois. Elle semblait heureuse de le revoir, donc il l'a invitée à « boire un café » lundi vers 8h du soir. Cette seconde rencontre a été plutôt agréable puisqu'ils vont se revoir dimanche prochain.

Edouard ne m'a rien dit de plus, sinon qu'il était « plutôt content » de renouer des liens avec cette jeune femme. Il est bon qu'il en soit ainsi car, à 50 ans, notre Edouard mérite bien un peu d'agrément, de plaisir et, pourquoi pas, de passion dans sa vie. Je ne sais ce qu'en pensera Maman si cette relation devait aboutir à une union, mais nous n'en sommes pas là.

Que pensez-vous de ces nouvelles ? J'attends ta réponse avec impatience!

Gros baisers à tous les deux,
TA VIEILLE CLOTILDE

გა

Mon cher Auguste,

Nous avons bien reçu ta lettre du 12, et sommes surpris, mais heureux, de te savoir revenu sain et sauf de New York, alors que les sous-marins allemands s'activent dangereusement dans les eaux de la Manche et de l'Atlantique. Bien sûr, Londres n'est pas à l'abri des attaques de la Luftstereitkräfte, selon les journaux. Cependant vous êtes loin de ces tranchées oh combien mortelles! Mais je n'ai rien à t'apprendre à ce sujet, et ce n'est pas là le but de cette lettre. En fait, maintenant que j'en sais plus, je veux simplement satisfaire ton désir d'en savoir davantage sur « la relation d'Edouard et de sa petite coquine », comme tu le dis si joliment dans ta lettre. Je vais donc te révéler un secret qui a été jusqu'ici bien gardé par mon frère.

Depuis leur rencontre fortuite, Angèle s'était montrée de plus en plus loquace, ce à quoi Edouard ne s'attendait pas (après quasiment trois années de silence!). Ainsi elle lui apprit qu'elle travaillait au métro depuis trois mois pour subvenir aux besoins de sa famille ; que son frère était décédé en décembre 14, à la suite de blessures reçues dans les tranchées, en Ardennes ; et qu'avant d'obtenir ce poste au métro, elle s'était « occupée » des nourrissons accueillis à l'église Saint Antoine. Edouard l'a complimentée pour son courage, mais s'est étonné qu'elle ne soit pas retournée en Touraine où il est sûrement plus facile de vivre en ces temps de guerre ? Sa réponse fut des plus étonnantes : elle gagnait beaucoup plus en vendant son lait à Paris qu'en faisant tout autre travail à Noizay ; et sa mère s'occupait fort bien de sa petite Jacqueline. Edouard, n'osant pas lui poser la question évidente, lui demanda pourquoi elle avait cessé d'être nourrice. Elle eut un sourire triste et avoua qu'après plusieurs crises d'asthme très sérieuses, elle avait perdu sa capacité d'allaiter, il y avait maintenant six mois. Elle s'était alors mise au service d'un couple âgé qui habitait dans son immeuble, rue Saint Antoine, avant d'obtenir son poste à la CMP.[7]

Je pense que tu as deviné ce qu'il apprit ensuite… En effet, elle lui révéla que la petite Jacqueline, était sa fille à lui aussi !

Edouard m'a dit que la déclaration d'Angèle ne l'avait pas vraiment étonné, car au printemps 14, elle lui avait dit qu'elle attendait probablement un enfant. Mais il avait alors émis des doutes, de telle sorte qu'elle n'avait pas insisté, et leur relation s'était rapidement rompue.

Pourquoi s'était-elle tue ? Pourquoi n'avait-elle pas essayé de le convaincre ? Apparemment, elle n'avait pas osé, vu le statut d'Edouard. De plus, elle avait perçu, dans le détachement de ce dernier, un signe du destin : fille-mère elle serait, comme l'avaient été sa mère, sa grand-mère maternelle et deux de ses tantes. Elle aussi élèverait son enfant sans l'aide du père, mais avec le soutien de ces femmes averties. Elle ajouta que ses amies parisiennes l'avaient beaucoup entourée et que sa mère n'avait pas hésité à recueillir cette petite fille de six mois que « ses chèvres pouvaient nourrir abondamment ! » Donc elle ne lui demandait rien, sinon un peu de considération.

Edouard ne douta pas un instant de la véracité de ses dires. En fait, il lui est venu instantanément le désir de rencontrer cette enfant, de retrouver en elle tout ce qui vivait en lui. Il découvrait qu'il voulait depuis longtemps être père ; Angèle lui donnait cette chance. Il lui proposa de l'accompagner à Noizay dès que les circonstances le leur permettraient. En attendant ils se voient souvent, et il lui donne chaque semaine un peu d'argent pour sa fille. Maman ne sait encore rien de tout cela. Sa santé étant toujours aussi précaire, Edouard attend d'avoir vu la petite pour lui en parler.

Voilà, mon cher Auguste tout ce que je sais pour l'instant.

J'espère recevoir de vos nouvelles bientôt, et prie pour que Marie et toi restiez sains et saufs. Sache aussi que nous sommes très fiers de toi ![8]

> *Bons baisers,*
> CLOTILDE

☙

MAISONS-LAFITTE, LE 24 MAI 1917

Ma très chère Eugénie,

Quelle chance et quel plaisir de pouvoir te parler au téléphone lors de mon passage chez ta tante ! Il est dommage que nous ayons été interrompues au milieu de nos échanges si agréables et rassurants. Espérons que les lignes téléphoniques seront rapidement remises en état afin que tu puisses à nouveau converser avec cette tante si généreuse, à laquelle tu ressembles beaucoup ! J'espère aussi que le service des postes se maintiendra afin que tu puisses lire ces « nouvelles » interrompues !

Je reprends donc mon histoire où je l'ai laissée, c'est-à-dire au retour compliqué d'Angèle dans la vie d'Edouard. En effet, quand ce dernier parla de leurs rencontres et de l'existence de cette petite fille à Maman, celle-ci s'est indignée. Elle lui demanda comment lui, un homme si intelligent, pouvait se laisser prendre par cette « gourgandine ». Il répondit qu'il désirait agir en bon chrétien, reconnaître ses erreurs et, bien sûr, éprouver enfin la joie d'être père. Cela ne voulait pas dire qu'il allait « l'abandonner, au contraire ». Il ajouta qu'Angèle pourrait être une aide précieuse pour Maman vu l'état de santé de cette dernière. Cela ne la convainquit pas tout à fait car elle redoute qu'Edouard, en s'engageant, ait beaucoup moins de temps à lui consacrer. Mais elle admit que « cette fille » pourrait s'avérer utile, et que sa présence serait un vrai soulagement pour Edouard et pour moi.

Il faut ajouter qu'Angèle, non seulement proposa de s'occuper de Maman quand son emploi du temps le lui permettrait, mais aussi qu'il ne fallait pas « brusquer les choses », car il n'est jamais facile pour une mère de se faire à l'idée que son fils puisse lui préférer une autre femme, surtout après tant d'années ! Cette remarque prouve combien Angèle, loin d'être avide, est au contraire généreuse et dévouée. Je me réjouis à l'idée de l'accueillir dans notre famille en tant qu'épouse légitime, dès que possible. Par ailleurs, tu peux imaginer combien Edouard et moi sommes impatients de rencontrer sa petite fille, mais il faut être patients car les voyages vers la province ne sont pas simples, comme tu le sais trop bien.

Voilà mon amie, j'espère t'en dire davantage d'ici peu. En attendant, prends grand soin de toi et de Pierre et profite pleinement de la présence de tes enfants et petits-enfants, maintenant que vous êtes à Limoges – très loin d'Arras et de son front ô combien meurtrier !

Je vous embrasse tous très affectueusement et prie ardemment pour que ces batailles furieuses mènent très rapidement à un cessez-le-feu, puis à la paix !

TA VIEILLE CLOTILDE

MAISONS, LE 16 OCTOBRE 1917

Ma chère Eugénie,

Je te remercie de tes condoléances et des fleurs que Madame Riester nous a apportées en ton nom. Maman les aurait beaucoup appréciées... Elles m'ont dit comme tu aurais voulu être à nos côtés samedi et que tu l'étais, par la pensée, dès vendredi matin... Tu sais comme moi qu'aux moments de grande fragilité, une simple marque d'amitié par une présence ou le don de fleurs ou de prières nous émeut profondément. Merci donc, et merci aussi pour ton amitié si vigilante.

Les obsèques ont eu lieu à St-Eloi, comme prévu. Notre curé a fait une belle homélie :

« Le Christ n'est pas venu expliquer la souffrance mais la remplir de Sa présence ». Comme c'est beau et puissant ! Nous avons chanté le psaume et l'oraison du *Dernier Adieu* avec émotion et conviction. Et tout au long du service, l'organiste nous a enveloppés dans le chaud manteau du *Requiem* de Gounod. Ce n'était pas le doigté d'un Gabriel Fauré, ni l'ampleur du grand orgue de la Madeleine, mais la beauté mélodique était là pour nous rappeler, même dans la douleur, que nos âmes trouvent bien du soutien dans l'art et la beauté. Oui, ces rites donnent à la célébration des funérailles toute sa signification et une toute autre dimension ! Nous étions si petits et frêles et nous voilà soudain reconstruits, liés, forts et presque en paix. Evidemment, la douleur est là mais elle est supportable, presque lénifiante. C'est bien là le pourquoi de la Foi, son incontestable nécessité. Qui s'en prive s'expose à la plus misérable des vies et la plus solitaire des morts !

J'ai été touchée aussi par le nombre de personnes qui se sont déplacées : par ces temps de guerre, je n'en attendais pas tant de nos amis et collègues, eux qui pleurent des fils, des pères et des maris. Je leur en suis d'autant plus reconnaissante qu'Edouard et moi ne perdons qu'une mère âgée et malade qui n'en pouvait plus de vivre et demandait depuis des mois à quitter cette terre pour l'autre vie. Dieu l'a entendue ; nous devons accepter son départ et remercier le Très Haut de sa miséricorde.

Nous avons enterré notre chère Maman dans le petit cimetière de Bercy que tu connais si bien. J'y ai acheté une concession où Edouard et moi irons la rejoindre le moment venu. Une belle dalle de marbre gris recouvrira la tombe dans le mois qui vient. Pour l'instant un grand Christ sur la Croix en céramique, de nombreuses couronnes et tout autant de bouquets cachent la terre sableuse amoncelée sur ce cercueil de chêne : une vie achevée. Tout est dit.

Octobre est décidément le mois des décès dans notre famille, bien qu'il y ait aussi quelques naissances… Mais j'avoue ne pas penser au 1er octobre avec beaucoup de plaisir. Qui voudrait, à 45 ans, avoir si peu à attendre de demain ? Mon plus grand souhait c'est que la guerre finisse. Mais après trois ans de luttes intenses, de vies déchirées, de destructions inimaginables, on ne voit guère ce qui pourrait changer de si tôt le cours catastrophique des choses. Cependant, je m'en vais prier pour que de meilleurs jours s'annoncent et qu'Edouard donne enfin à Angèle et à sa fille la place qui leur est due au cœur de notre famille.

Ecris-moi vite, mon Eugénie, pour me dire que vous êtes tous en sécurité à Limoges et que Pierre, de par sa fonction, ne sera en aucun cas envoyé près du front.

*Ta Clo bien reconnaissante qui vous embrasse fort,
très fort.*

Ma très chère Amie,

Je me réjouis de vous savoir tous réunis et en bonne santé – ou presque. Et, tout comme toi, je souhaite à Paul André de ne pas retrouver trop vite l'usage de cette jambe cassée. J'imagine en effet à quel point tu es heureuse qu'il soit en de bonnes mains à l'hôpital de Limoges, donc près de vous et, surtout, bien loin du front pour quelques mois encore. Espérons que la paix, proposée par le président Wilson, sera signée avant la guérison de ton fils si chéri. Je suis optimiste car les bombardements, assez rares ces jours-ci, ne sont plus une source de tant d'anxiété à Paris et ses environs. Prions Dieu pour que cela continue, et que nos soldats puissent enfin rentrer chez eux.

Je voulais aussi te dire que je pense beaucoup à Simone ces jours-ci : je ne peux pas croire qu'elle ait déjà atteint ses 24 ans : comme le temps passe ! Il faut dire que tu vas sur tes – Non, je n'ose le dire, ayant traversé cet événement plutôt déroutant il y a près de quatre mois. Ainsi va la vie… Mais il y a parfois de bonnes surprises qu'il faut partager afin de nous redonner espoir et satisfaction. Je te mène ici vers Edouard.

Oui, tu as peut-être deviné : mon frère, en homme très responsable, a reconnu officiellement sa fille le 28 décembre. Voilà donc une petite Jacqueline Loeven dans notre famille. Ce fut, pour nous deux, un événement très émouvant quoique limité à une signature en mairie ! Il faut ajouter qu'Edouard et Angèle avaient passé trois jours en Touraine, début décembre, pour fêter les trois ans de leur fille. Edouard est revenu bouleversé. Il ne s'attendait pas à être si sensible au charme de cette petite. Je n'ai pas vu mon frère aussi heureux depuis des années ! Et en ces temps de guerre la moindre joie est plus que bienvenue ! Inutile de te dire à quel point je suis impatiente de la rencontrer, moi aussi.

Elle sera légitimée par le mariage de ses parents, lequel aura lieu dans quatre jours ! Et oui, ce 21 janvier, si tout va bien... Je te récrirai pour te donner quelques détails sur la cérémonie à la mairie du 12ème et en l'église Saint Eloi. Les choses se feront très simplement comme l'impose ces temps de guerre et de restrictions. Une dizaine de personnes sont invitées, surtout des amis et collègues, puisque les membres de notre famille proche ont disparu ou se trouvent au loin.

Voilà, mon Eugénie, toutes les nouvelles pour l'instant. Espérons simplement que la grosse Bertha[9] sera, pour toujours, mise à la retraite...

Je vous embrasse tous très fort et prie pour que vous restiez tous ensemble, bien sains et saufs.

Ta Clotilde

LUNDI 10 MAI 1920

Ma très chère Amie,

Quel bonheur de t'entendre cet après-midi ! Je ne peux croire à la chance que j'ai d'avoir pu te téléphoner. Ta voix n'a pas changé, et je pouvais imaginer tes sourires au cours de notre petite conversation. De surcroît, te sentir si proche m'a redonné de la patience : ta venue à Paris en septembre ne me semble plus si éloignée.

Je peux maintenant repenser à notre courte conversation et te donner les arguments que je n'ai pas eu le temps d'émettre, pendant ces trois minutes que la standardiste m'a accordées. Voici donc ma réponse à ta question : comment je me porte dans cette vie solitaire, sans la présence d'un homme aimant, occupée par un travail exigeant et le bonheur de la musique.

Parlons d'abord des hommes et de leur absence. C'est bien

simple : de ceux qui ont dit tant m'aimer, au point de vouloir m'épouser, aucun n'a été fidèle et vraiment engagé. Tous ont trouvé une autre femme rapidement après notre rupture, et un seul m'a montré une amitié solide et durable. J'ai découvert aussi, au cours des années, qu'aucun n'est resté fidèle à celle qui m'a succédée…

Il semblerait que ces hommes, aussi engagés soient-ils, ne peuvent pas résister aux charmes d'une nouvelle venue – sont-ils pris par le défi ? Voient-ils la séduction comme un exploit, et peu importe les peines qu'ils infligent, ou qui les guettent ? Et je ne parle pas ici des êtres volages, mais de ceux qui semblent si stables dans leurs sentiments et qui, à un moment inattendu, succombent à la tentation de la conquête.

Et pourtant, ils sont si fiers des amitiés durables qu'ils entretiennent avec d'autres hommes et parfois quelques femmes. Pourquoi ne pensent-ils pas à l'amour en ces termes ? Pourquoi ne construisent-ils pas une relation qui se fonde tout comme l'amitié sur un engagement responsable, une fidélité solide, une confiance profonde ? Selon moi, la seule différence qui détermine la nature de ces deux sortes de relations, en dehors de l'aspect charnel, c'est que l'amour se doit d'être exclusif alors que l'amitié ne l'est pas.

Peut-être vois-je les choses d'une façon naïve et même simpliste, mais au cours de toutes ces années d'aventures sentimentales, ce qui m'a toujours manqué ce fut la confiance. Or, si l'on doute, on ne peut rien construire de durable. Ce « défaut » est le mien ; il s'est imposé dès mon enfance. Comme tu sais, mon père m'a arraché cette confiance dans les hommes supposés vous aimer et vous protéger. Je n'en ai trouvé aucun, jusqu'ici, qui ait su me redonner cette confiance, cette assurance qu'il serait à mes côtés pour toujours. Cela explique sans aucun doute cette persistante méfiance qui m'habite depuis trente-huit longues années.

Ne sois pas triste pour moi, car je suis entourée d'amis très fidèles – dont tu es l'emblème, et cela me permet de vivre ma vie de célibataire avec vigueur et même avec entrain. Je suis en charge de cette vie, personne ne contrôle mes activités, personne ne m'impose ses vues, ses désirs, ses certitudes.

Tu penseras que je me suis privée du bonheur d'être mère mais, en fait, aurais-je jamais eu ce bonheur ? Et que dire de l'immense malheur de perdre cet enfant, comme tant d'autres femmes l'ont vécu ces dernières années ? Voilà une tragédie qui a redonné aux célibataires (vieilles filles ou autres) une vraie acceptation de leur « solitude ».

J'ai, de plus, la joie d'avoir une nièce dont je me sens très proche. En effet, je sais, au plus profond de moi-même, que Jacqueline partagera dans quelques années mes goûts, mes attentes. Que pourrais-je demander de plus ?

Oui, la vie m'a beaucoup apporté. J'en suis très consciente et donc profondément reconnaissante envers Dieu ou tout autre « responsable » de nos destins.

Voilà, mon amie, où j'en suis en cette soirée plutôt douce et rose de mai. Et toi ? Parle-moi de tes multiples activités ; de tes responsabilités d'épouse tant aimée, de mère chérie et si respectée et de grand-mère indispensable !

Et profite bien du bonheur que te donnent tous ces êtres chers qui t'entourent si tendrement.

Ton amie qui t'embrasse bien fort,
CLOTILDE

PS : Je ne peux croire que notre Simone ait déjà 25 ans et qu'elle attende son second enfant ! Pour moi elle est (et sera toujours) cette adorable fillette aux sourires coquins. Dis-lui combien je pense à elle.

MAISONS, LE 5 JANVIER 1921

Ma chère Angèle, mon cher Edouard,

Je viens de recevoir la belle photo de notre petite Jacqueline. Je ne saurais trop vous en remercier. C'est le plus beau cadeau de Noël qu'on puisse me faire !

J'apprécie aussi le fait qu'elle porte la petite robe que je lui ai faite pour ses six ans ; laquelle lui va bien. Elle semble si sage et fait plus que son âge !

Comme je vous l'ai dit le soir de Noël, j'ai tant de chance de pouvoir partager ces moments avec vous et de chérir et chouchouter notre belle petite !

Je dois me mettre en route, mais je me réjouis à l'idée de me joindre à vous pour diner samedi prochain.

Je vous embrasse bien fort
CLO

⁂

MAISONS, LE 29 MAI 1924

Chers Cousins,

Juste un petit mot pour vous dire que non, Edouard ne va pas mieux. Il est entré à l'hôpital de Vaugirard avant-hier. On va tenter d'arrêter l'infection gangréneuse en lui coupant la jambe un peu plus haut, sous le genou. La perte de son pied l'avait beaucoup affecté, que sera celle d'une jambe ?

Mais pour l'instant nous gardons espoir : c'est un homme fort et batailleur. De plus, ce bel hôpital est connu pour son excellent département de chirurgie ; nous connaissons un peu son directeur, lequel s'est voulu rassurant. Bien sûr nous prions Dieu avec ardeur pour que la maladie soit ainsi enrayée et qu'Edouard puisse profiter de nombreuses années à venir auprès de nous.

Angèle se démène mais n'a pas quitté son travail ; que pourrait-elle faire de plus de toute façon ? Il faut dire aussi que, pour elle comme pour moi, le travail est une diversion bienvenue car, en dehors de cette attente angoissante et de la prière, rien d'autre ne saurait nous occuper davantage.

Nous espérons vous voir très bientôt à Paris. Entre temps, envoyez-nous des nouvelles rassurantes.

    VOTRE CLOTILDE

⁂

PARIS, LE 24 JUIN 1924

Mes chers Cousins,

Notre Edouard nous a quittées hier matin. Angèle et moi sommes dévastées, désorientées ; nous ne pouvons pas croire qu'il soit parti si vite. Mais il est vrai que son état avait empiré après l'amputation du 31 mai. Une infection tenace avait envahi la plaie qui ne parvenait pas à se cicatriser. Nous avions perdu tout espoir.

Il a cependant beaucoup apprécié la visite de sa petite Jacqueline, samedi dernier. Je suppose qu'ensuite il est parti sans regrets. Quand on a tant souffert, aller vers Dieu est une grande consolation.

C'est à nous maintenant d'accepter son départ, et de trouver une certaine consolation à l'idée de le retrouver, dans quelques années, quand ce sera notre heure…

Ses obsèques auront lieu jeudi à 11h30 en l'église Saint-Eloi, et il rejoindra Maman au petit cimetière de Bercy. Je sais que vous serez avec nous par la pensée.

VOTRE CLOTILDE

MAISONS, LE 8 SEPTEMBRE 1925

Ma chère Eugénie

Je m'empresse de te répondre, maintenant que ma nièce est repartie chez sa maman. Il faut dire que sa présence me divertit tant que je ne trouve pas une minute pour faire la moindre chose en dehors de pourvoir à son bien être. Je vis une espèce d'autre vie lorsqu'elle est avec moi. En sa présence, je découvre soudain comme me manque le bonheur d'être mère ! Ah, modeler ce petit être, lui montrer la vie, ses écueils, ses beautés ; lui donner de quoi faire sa place, revendiquer son bonheur… Quel sens cela donnerait à ma vie !

Tu me demandes de te décrire son caractère. Au premier abord, elle peut être timide mais, une fois mise en confiance, elle est tout ce que je n'ai jamais osé être : espiègle, enthousiaste, bavarde et même menteuse. Cela ne l'empêche pas d'être très observatrice et d'un esprit logique surprenant pour son âge.

Il y a aussi un fond de tristesse et comme un peu de « sauvagerie » en elle. En effet, pendant dix ans, cette petite fille a dû se contenter presque exclusivement des soins de sa grand-mère, elle-même fort déprimée par la mort de son fils en 1914 et exténuée par des travaux bien au dessus de ses forces. Cette femme a eu bien du mérite, mais elle avait, à l'évidence, la patience courte et aucun loisir pour gâter aussi peu que ce soit sa petite-fille. Bien sûr, Angèle et Edouard se rendaient à Noizay aussi souvent qu'ils le pouvaient mais, comme tu me l'as dit maintes fois, c'est chaque soir, chaque matin que les enfants ont besoin de sentir l'attention de leurs parents. C'est cette attention, il me semble, qui lui a beaucoup manqué.

Perdre mon père à l'âge de 10 ans a été déchirant car, jusqu'au bout, papa avait su se montrer attentif et affectueux envers moi, même lorsqu'il était harassé de travail ou exaspéré par d'autres. Encore aujourd'hui, il y a beaucoup de regrets en moi ; mais au fond, je crois qu'il doit être plus difficile encore de supporter une absence qui n'a pas de nom, un manque qui vous laisse sans souvenir ni mesure, une sorte de « vague à l'âme » persistant et rageur. C'est ainsi que Jacqueline affiche une certaine indifférence envers ce papa qui ne l'a ni élevée, ni guidée, ni soutenue. Si elle ne se montre guère plus conciliante avec sa mère c'est que cette dernière aussi lui a manqué ! Enfin, c'est mon point de vue…

Je voudrais tant réparer cette injustice (je sais qu'Angèle partage le même désir), mais comment défaire ce que les circonstances nous ont imposé ? Pour l'instant je m'applique à la gâter, à lui montrer qu'elle est au centre de mes préoccupations. Sa mère fait de même. Mais notre petite en est-elle consciente ? Elle se montre souvent rétive ; alors je fais tout ce que je peux pour la conquérir, la retenir, l'impressionner. Car elle m'a prise d'assaut, je suis sans force devant ses désirs et ses sautes d'humeur. C'est une petite princesse qui s'ignore.

Mais, mon Dieu, elle a tant de charme ! Toi aussi tu fondrais. Allons, j'ai bien besoin de tes conseils de mère, toi que la vie n'a pas épargnée non plus.

Dis-moi où tu en es de tes projets de déménagement : reviendras-tu sur Paris bientôt ? Tes enfants et petits-enfants s'en réjouiraient tout autant que moi !

Je t'embrasse fort et t'attends,
Coltilde

⌣

MAISONS-LAFITTE, LE 29 NOVEMBRE 1926

Ma chère Angèle,

J'ai longuement réfléchi à votre question concernant l'instrument avec lequel Jacqueline pourrait apprendre à jouer de cette musique qui l'enchante.

Oui, notre petite est malléable, mais solide ; et ses longues mains assurent une grande agilité des doigts. Alors, me direz-vous, pourquoi pas le piano ? Après réflexion, voici ce que j'en pense : cet instrument est trop masculin pour elle, trop encombrant. En effet on attaque le morceau, on saccade, on saute à droite et à gauche. Le piano vous hante, vous vrille. Le piano s'impose. Ses éclats vous assaillent, vous exténuent. De plus, cet instrument est encombrant – en effet, il exige une place prépondérante dans les vastes salons des bourgeois mélomanes et prétentieux comme vous le savez bien.

Moi, harpiste passionnée, je me méfie des pianos. Je ne sais trop d'où me vient cette méfiance, mais je dois vous dire que, adolescente, je considérais que les pianos avaient volé mon père, et, sans nul doute, tué mon grand-père. Je vous vois sourire, mais avouez que je ne suis pas si loin de la vérité !

Revenons à notre sujet : je ne crois pas que Jacqueline soit faite pour le piano. J'ajouterais que ce n'est pas le prix ou le transport prohibitif qui m'inquiètent : cet instrument ne lui convient pas car, ma chère Angèle, notre petite est toute en douceur, sous sa timidité. De plus, je ne crois pas qu'elle ait l'énergie agressive que le piano nécessite, même si elle peut être impulsive et insistante…

Non, je pense qu'il lui faut un instrument facile à transporter, à manipuler ; un instrument qui puisse rendre ses états d'âme, sa sensibilité ; un instrument qui pourra la mener du rire aux larmes en deux temps trois mouvements, littéralement. Voyez-vous où je veux en venir ? Pour moi, le choix va de soi : le violon !

Oui, le violon avec ce contact au corps, à la joue ; ces vibrations qui pénètrent et transportent le musicien ; le violon, assurément ! Je vois déjà les doigts agiles de notre petite voltiger sur les cordes, sa main ferme menant l'archet avec tendresse et rigueur, le mouvement de son buste soulignant l'élan de son poignet, le balayage des cordes…

Vous comprenez sans aucun doute mon enthousiasme, donc je m'arrête. Mais dites-moi vite si vous êtes toutes deux d'accord avec moi, et je me mettrai tout de suite en quête d'un instrument de bonne facture, à caractère mais sans prétention. Je pense à un violon de chez Lambert ou Couesnon ; il ne sera pas difficile à trouver et ce sera pour Jacqueline un beau cadeau de Noël que je lui offrirai lors de votre venue à Paris en décembre.

J'espère vous avoir convaincues et même ravies par cette idée. Ecrivez-moi vite pour m'en assurer.

VOTRE CLOTILDE

PS : Le petit colis que j'ai envoyé hier à Jacqueline, pour son anniversaire, devrait arriver à temps…

Ma chère Angèle,

Je vous espère tous en bonne santé, et prêts à célébrer cet anniversaire de l'Armistice : 9 ans, déjà ! Et pourtant nous ne sommes pas encore consolés de nos pertes ; je pense à vous, à votre maman en particulier, à votre Georges-René. Je pense aussi, bien sûr à notre cher cousin, Jean-Paul d'Argis, que vous avez bien connu et apprécié pour sa gentillesse et son esprit, ses saillies. Parti, lui aussi, à tout juste 20 ans, comme tant d'autres qui nous ont quittées bien trop tôt. Mon Dieu, comme tous ces hommes nous manquent !

Mais il faut garder une vue plus positive, plus optimiste de la vie pour pouvoir la célébrer. Oui, vous savez de quoi je parle puisque la venue de votre neveu, le petit René, en septembre dernier, vous a redonné à toutes trois ce bonheur si cruellement emporté en 1914. Transmettez donc tous mes vœux de santé à ce petit bonhomme et à votre sœur. J'espère le rencontrer et la revoir lors de ma venue en Touraine, le mois prochain ; ce dont je me réjouis infiniment, comme vous vous en doutez.

Ceci m'amène à vous dire et redire d'où je tire surtout cet optimisme qui vous surprend parfois : Jacqueline, mon adorable nièce. Vous savez comme je me suis attachée à elle, comme je prends plaisir à la dorloter, comme elle a tout simplement donné un vrai sens à ma vie. Et de cela, ma chère Angèle, je vous suis, pour toujours, redevable et profondément reconnaissante.

Vous me dites qu'elle apprécie mes lettres et surtout mes cartes postales. Elle m'a en effet assurée que sa collection « grandissait à vue d'œil » – j'en suis très heureuse, car c'est pour moi un grand plaisir que de les lui envoyer !

Il est clair que le bonheur tient le plus souvent à de bien petites choses... la confiture de pêche par exemple ? Oui, il me faut vous dire combien j'apprécie celle que vous m'avez apportée en septembre. Je ne suis pas une très bonne cuisinière, mais je me rattraperai auprès de vous avec mes tricots, si vous n'y voyez pas d'inconvénients...

> *Je vous embrasse ma chère Angèle et vous dis à*
> *très bientôt.*

CLOTILDE

⁂

Ma chère petite Jacquot,

Si tu savais combien j'ai de plaisir à lire tes lettres, tu m'écrirais nuit et jour ! Cependant, je n'ai pas reçue la lettre que tu dis m'avoir envoyée entre Noël et le 1er janvier. Avais-tu mis ton adresse à l'extérieur ? Si oui, elle te reviendra bientôt, j'espère.

Ma chérie, bien que je n'aie pas encore pu finir ta petite robe, je t'assure que tu l'auras avant la fin du mois ! Entre temps, continue de me décrire en détails ta vie paisible et studieuse. Je ne doute pas que tu obtiendras ton certificat d'études sans difficultés en juillet prochain.

Sais-tu que notre nouvelle chapelle est dédiée à Sainte Thérèse ? Tu m'as dit l'aimer beaucoup. J'ai donc choisi cette carte postale afin qu'elle te fasse plaisir. Ecris-moi bientôt, ma petite Jacqueline, pour me dire si j'ai raison.

Je t'embrasse bien fort.

> *Ta tante qui t'aime,*

CLOTILDE

⁂

149

MAISONS-LAFITTE, LE 9 JUIN 1928

Ma petite Nièce chérie,

Tu peux être sûre que la gentille lettre, reçue lundi dernier m'a fait un immense plaisir.

J'ai été particulièrement impressionnée par tous les détails que tu m'as donnés sur la visite de l'exposition d'œuvres d'Art Nouveau que tu as vue au musée de Tours. Tu sembles bien saisir l'émotion que l'on ressent devant ces œuvres si belles. Et je sais que ces paysages vont t'inspirer lorsque tu essayeras, toi aussi, d'en peindre ou d'en dessiner.

Je suis aussi très contente que tu aies bien aimé toutes les autres œuvres exposées et que tu comprennes mieux les procédés artistiques. Je pense que cette expérience renforcera tes capacités – disons plutôt ton talent – et ton amour du dessin et de l'aquarelle.

Par ailleurs, ton style est en progrès et je vois que tu aimes étudier, et que tu es bien attentive à tout ce qu'on t'enseigne. Continue sur cette voie, elle te mènera au succès scolaire et autre !

Et puis, j'ai été bien heureuse de savoir que tout va bien chez vous, et que tu as du plaisir à pêcher de belles truites dans la Loire au côté de tes parents. Je ne doute pas qu'elles aient été délicieuses dans cette sauce au beurre que ta maman fait si bien !

J'attends ta prochaine lettre avec grande impatience,
et t'embrasse bien fort et bien tendrement,
Ta petite tante qui t'aime tant
CLOTILDE

CE MAISONS, LE 12 JUILLET 1929

Ma chère Angèle,

Je vous remercie de votre lettre reçue avant-hier et me réjouis des bonnes nouvelles. Je suis sûre que votre Maman apprécie d'être aux Basses Rivières, si près de chez vous tout en gardant une certaine autonomie. Elle, qui a été si active, ne saurait en effet dépendre tout à fait de ses filles, même si elle s'apprête à fêter ses 73 ans !

Je suis heureuse que vous soyez tout à fait remise de cet érysipèle ; cette maladie est en effet des plus douloureuses. Il est bien compréhensible que vous vous sentiez encore très fatiguée après un mois de lutte et d'inquiétudes, donc ne vous excusez pas. Par ailleurs, je ne suis pas surprise d'apprendre que notre Jacqueline a pris son rôle d'infirmière très aux sérieux. Elle a de qui tenir lorsqu'il s'agit de soigner les siens… Vous vous êtes tant donnée pendant la longue maladie d'Edouard ; je n'oublierai jamais votre admirable dévouement envers mon frère !

Je n'oublie pas non plus le désir de ma chère nièce de poursuivre des études de dessins. Dès qu'elle aura son brevet en main (ce dont je ne doute pas, étant donné sa motivation) et si vous êtes d'accord, je ferai en sorte qu'elle entre à l'Académie Julian. C'est une excellente institution qui la préparera à entrer aux Beaux-Arts de Paris dans les meilleures conditions. Jacqueline montre déjà un vrai talent mais il lui faudra beaucoup travailler et acquérir une solide formation pour réussir dans cette carrière difficile. Vous me direz que tout cela coûte bien cher mais je suis prête à lui procurer le soutien financier nécessaire. De plus, elle devrait obtenir facilement une bourse en tant que pupille de la Nation.[10] Donc dites-moi ce que vous envisagez et n'hésitez surtout pas à me mettre à contribution !

Voilà, ma chère Angèle, mes pensées pour l'instant. Je prie pour que vous soyez tous en bonne santé et que notre Jacqueline reste disciplinée et motivée par ses études.

Je prie aussi pour notre bon Auguste. Avez-vous reçu de ses nouvelles dernièrement ? Il se pourrait que Marie et lui se séparent. Après seize ans de vie commune, ce serait bien dommage mais ainsi va la vie : on ne sait jamais ce qu'elle nous réserve...

Pour me réconforter, je pense beaucoup à vous, et aimerais tant vous voir. Aurez-vous l'occasion de venir sur Paris au cours de l'été ? Sinon je pourrai descendre à Blois fin août. En attendant, je vous souhaite une bonne santé et vous embrasse ainsi que notre Jacqueline.

Veuillez aussi transmettre mes bonnes pensées à votre chère Maman et à M. Lejeune.

CLOTILDE

PARIS, LE 31 AOÛT 1929

VENDREDI 8 NOVEMBRE 1929

Ma chère Nièce,

Comment vas-tu ? J'espère que tu vas bien malgré cette tante qui te fait trop attendre le petit paletot promis. Et voici qu'il tardera encore un peu, car j'ai perdu une manche dans le train ou je l'avais emporté pour y travailler. J'ai dû commander de la laine qui arrivera d'ici quelques jours.

Donc, ma grande chérie, en attendant ce chaud vêtement, j'ai pensé à t'en offrir un plus léger, blanc et marron, que je t'envoie à la suite de cette lettre. Tu pourras porter ce petit gilet entre ta robe et ton manteau. L'autre, plus chaud, suivra de « pas trop loin ».

Tu trouveras aussi dans le paquet un livre qui devrait te plaire : Les Contes de la Bécasse de Guy de Maupassant. Une œuvre très intéressante et tout aussi amusante.

Me pardonnes-tu ? Dis « oui », et je t'envoie un bon baiser. Embrasse bien ta maman pour moi.

> *Ta petite tante qui aime sa Jaco…*
> CLOTILDE

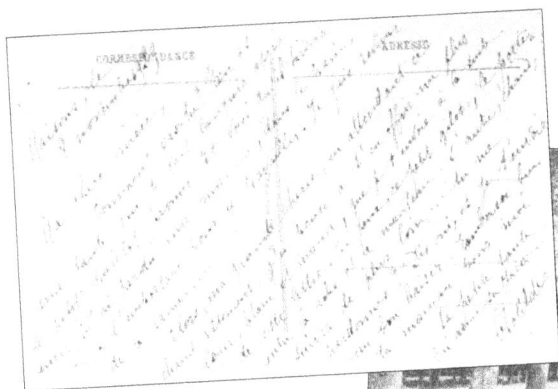

MAISONS,
NOVEMBRE 22, 1929

PARIS, 8 JANVIER 1930

MAISONS, 19 JUILLET 1930

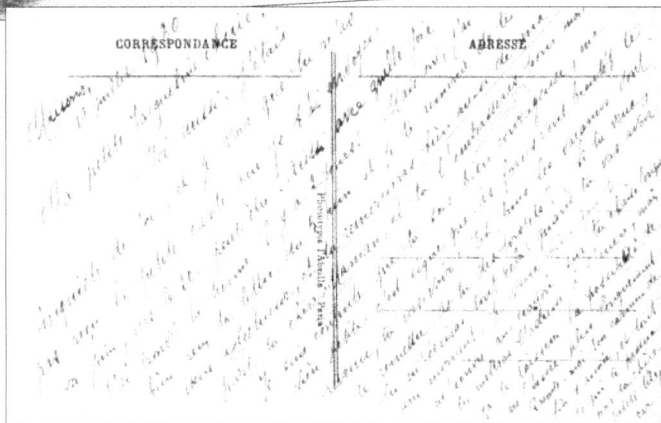

MAISONS-LAFITTE, LE 15 AOÛT 1930

Ma chère petite Jac,

Quand je pense qu'il y a déjà huit jours j'étais près de toi, et que je m'en suis donné à cœur joie de te faire toutes sortes de misères – je voudrais bien pouvoir t'en faire aujourd'hui !

Je n'ai pas encore encadré ta gentille aquarelle, mais elle est fixée au mur de ma chambre avec des punaises, et elle me parle de toi... Elle trouvera sa place définitive à la fin de la semaine prochaine ; c'est promis !

En allant à mon travail ce matin j'ai pensé à notre belle promenade dans les vignes avec ta maman et au plaisir que j'en ai tiré, bien que ce fut déjà le jour de mon départ... Comme le bon temps passe vite !

Et toi, te reposes-tu un peu ? Te promènes-tu avec le même enthousiasme ? Je ne cesse de penser à toi et prie pour que tout aille pour le mieux pour toi dans les semaines qui viennent. Profite bien de tes lectures et dis-moi ce que tu penses des œuvres de Victor Hugo que tu es en train de lire. Elles devraient t'inspirer et développer ton vocabulaire.

Je pense bien à toi, ma chérie, et t'embrasse bien fort,

> *Ta petite tante qui aime son « bébé »,*
> CLO

MAISONS, LE 18 DÉCEMBRE 1930

Ma petite Jacqueline chérie,

Je suis rentrée un peu plus tôt ce soir, donc j'en profite pour t'écrire. As-tu reçu la lettre et le petit paquet que je t'ai envoyés pour ton anniversaire ? 16 ans déjà ! Je ne peux croire que tu aies déjà atteint cet âge « avancé » de grande jeune fille !

Mais tu es sans doute occupée à faire tes devoirs de fin d'année, à moins que tu ne sois en train de m'écrire toi aussi pour me donner de vos nouvelles – comme cela nous est arrivé plusieurs fois déjà ; puissent « nos » grands esprits se rencontrer !

Seras-tu à Rochecorbon le 24, ou ta maman t'amènera-t-elle à Paris ? Dis-moi vite, pour que je sache où t'adresser ton petit cadeau de Noël. Si tu viens me voir, je serai très contente de te le remettre en main propre et de pouvoir bavarder avec toi – comme tu peux l'imaginer !

Ma chère petite Jaco, je prie pour toi et pour ta maman. Embrasse-la pour moi, bien affectueusement. Je te serre très fort sur mon cœur et espère te voir bientôt,

> *Ta petite tante qui t'aime tant,*
> CLOTILDE

৩১

MAISONS, LE 28 DÉCEMBRE 1930

Ma chère petite Jacqueline,

Tu sais que tu me fais toujours le plus grand plaisir quand tu me parles longuement de toi dans tes gentilles lettres. J'ai, bien sûr, un plaisir encore plus grand quand tu es près de moi ! Donc, my Dear, tu imagines ma déception quand j'ai appris que tu ne pouvais pas venir cette semaine, et que je ne pourrai pas t'embrasser d'ici bien longtemps !

J'espérais aussi aller avec toi acheter le petit cadeau que je désire t'offrir pour célébrer Noël et la Nouvelle Année. Je t'envoie donc un petit mandat avec cette carte. Dès sa réception, tu iras à Tours, pour acheter un objet à ton goût. Tu me raconteras tout cela dans ta prochaine lettre. S'il te reste quelques sous, tu pourras les mettre sur ton livret de caisse d'épargne.

Si j'avais choisi quelque chose pour toi, je te l'aurai mis

157

dans la petite valise qui maintenant t'attend et que tu prendras quand tu viendras cet été à Paris, et elle ne sera peut-être pas vide…

Ma mignonne Line, embrasse bien ta maman de ma part, comme je t'embrasse de tout mon cœur.

>   *Ta tante qui t'aime,*
>   CLOTILDE

7 - MADAGASCAR - Missionnaire en tournée.

MERCREDI 22 JUILLET 1931

Ma petite Chérie,

Ta jolie carte vient d'arriver avec cette superbe nouvelle ! Bravo, bravo ma Jaco !

Te voilà donc munie du Brevet Elémentaire,[11] et prête à poursuivre des études à l'Ecole Supérieure de Tours ; comme je suis fière de toi ! Et je ne doute pas que toute la famille le soit tout autant que moi !

Je me réjouis aussi de t'accueillir le mois prochain à Maisons-Lafitte, et je dresse une liste des choses que nous ferons ensemble. En tête se trouve l'Exposition Coloniale dont on dit le plus grand bien autour de moi.

Je vais aussi tenir ma promesse et faire quelques retouches à la petite robe d'été qui t'attend. Je crois qu'elle te plaira bien.

> *Mille gros baisers de ta petite tante,*
> CLOTILDE

᨞

MAISONS-LAFITTE LE 28 JUILLET 1931

Ma chère Angèle,

Merci mille fois pour votre lettre et la bonne nouvelle concernant la guérison de votre maman. Je m'en réjouis tout comme vous tous !

Pour ce qui est de notre Jacqueline, elle ira loin ! Ayant obtenu son brevet élémentaire si facilement, elle n'aura pas de difficulté à passer le brevet supérieur qui lui ouvrira une belle carrière dans l'enseignement ; ce que vous souhaitez depuis longtemps. Peut-être pourra-t-elle aussi enseigner le dessin dans un Cours complémentaire en plus du français…

Je me réjouis aussi de votre venue à Paris vers la mi-août ; et bien sûr, j'accueillerai Jaco avec le plus grand plaisir, pendant que vous rendrez visite aux filles de Mr. Lejeune.

J'ai l'intention de l'emmener à l'Exposition Coloniale et au Louvre, ainsi qu'à un concert à Maisons-Lafitte ; qu'en pensez-vous ? Mais nous reparlerons de tout cela à votre arrivée.

A très bientôt donc.

> *Je vous embrasse bien affectueusement,*
> CLOTILDE

᨞

MAISONS, LUNDI 15 SEPTEMBRE 1931

Chers Cousins,

Votre dernière lettre remonte à deux mois ; n'avez-vous pas reçu la mienne autour du 10 août ? Je m'inquiète donc un

159

peu de vous, mais je vous espère en bonne santé et heureux. Racontez-moi ce qu'on fait à St Omer en cette fin d'été plutôt froide, après les pluies torrentielles du mois dernier. Je dois dire que, malgré le temps souvent frais du Pas-de-Calais, j'envie votre vie de campagne pleine de charme et de douceur. Mais parisienne je suis, et parisienne je resterai ! Quoique Maisons-Lafitte ne soit pas tout à fait Paris… En effet, on y respire mieux et les messieurs y sont plus galants.

J'ai par ailleurs bien du nouveau à vous rapporter. Commençons par vous dire que la Maison Bataille ayant fermé, j'ai dû me tourner vers une autre « carrière »… Je suis maintenant dactylographe chez Dormsel. Imaginez-moi, frappant avec célérité et précision sur cette Remington à clavier français ; caractères, rubans, rames et papiers n'ont déjà plus de secrets pour moi. Et mes talents de harpiste m'apportent bien des avantages comparés à ceux des dactylographes sans formation musicale ! C'est ainsi que malgré mon âge, doigts et poignets ne se fatiguent pas aussi vite que les leurs. J'ai donc acquis un certain statut dans notre bureau… Mais la douceur de la soie et le jeu des couleurs me manquent beaucoup. Enfin, il faut bien s'adapter et accepter les changements que la vie nous impose. Maintenant que mon poignet a retrouvé toute sa flexibilité, je joue de la harpe et dessine tous les soirs à la maison, ce qui m'apporte un grand plaisir.

Ma nièce et ma belle-sœur se portent bien. Angèle demande souvent de vos nouvelles ; voilà sept ans que vous ne vous êtes vus… Vous savez sans doute qu'elle s'est mise en ménage avec un ancien collègue qui avait pris sa retraite peu de temps après le décès d'Edouard. Ils semblent bien s'entendre et se plaire en Touraine, entre leurs lapins et leur jardin. Elle s'occupe aussi de sa maman, Mme Schmit, que vous avez rencontrée à l'enterrement d'Edouard et qui vit maintenant près de chez eux.

Jacqueline devient une jeune fille très accomplie. Je vous joins un portrait pris au printemps dernier, afin que vous voyiez comme elle tient de la famille ! Elle se destine à l'enseignement de l'art plastique, et prépare l'examen d'entrée à l'Ecole Supérieure de Tours. Tante Emilie et Oncle Louis seraient heureux de savoir qu'une arrière-petite-nièce partage leur passion et se dévouera, tout comme eux, à l'éducation des enfants. Nous prions tous pour son succès.

J'ai eu aussi le plaisir de l'accueillir chez moi, fin août, et de l'emmener à l'Exposition coloniale, en compagnie de Robert Banisso, le jeune Dahoméen adopté par nos cousins Valmorin. C'est un garçon charmant que Jacqueline apprécie beaucoup. Tout comme vous, nous avons été impressionnés par cette exposition, à bien des égards. Nous en reparlerons lors de votre venue à Paris cet hiver.

Pour ce qui est des Valmorin, Jeanne dirige maintenant une pension de famille rue Valette. C'est une bonne solution pour elle, d'autant que Robert la seconde, tout en poursuivant ses études. Cependant, elle ne s'habitue pas à son veuvage : elle me disait encore lundi dernier qu'elle voit Pierre un peu partout, dans la rue, dans le métro... Elle n'a pas encore accepté son décès ; et puis, la Guadeloupe lui manque. Il me semble bien évident qu'en vieillissant, nous avons besoin de nous réchauffer aux êtres et aux lieux de notre enfance !

Mais je dois vous quitter pour me rendre chez une amie. J'attends une belle lettre de vous remplie de nouvelles et d'anecdotes sur votre vie de Château ! Au fait, que deviennent les Boucher d'Argis ? Je n'ai pas reçu de leurs nouvelles depuis plusieurs mois.

> *Votre bien affectionnée,*
> CLOTILDE

❧

PARIS, LE 22 SEPTEMBRE 1931

Mon cher Auguste,

Suite à notre conversation de dimanche soir, je viens te donner quelques détails sur mon impression concernant l'Exposition Coloniale ; une impression qui t'étonnera peut-être, étant donné mes connaissances limitées de ces pays lointains. Au premier abord, tout comme toi, nous avons beaucoup admiré les constructions, les costumes, les couleurs, les odeurs des plats exotiques, et tant d'autres choses. La chanteuse-danseuse américaine, Joséphine Baker (que tu apprécies tant) nous a vraiment touchés, et nous ne doutons pas que sa nouvelle chanson, « J'ai deux amours », fasse le tour du monde, comme tu me l'as dit avec tant de certitude. D'ailleurs, Jacqueline et Robert la fredonnent constamment.

Mais revenons à l'exposition : peu à peu, au cours de la visite, un sentiment bizarre, où se mêlaient tristesse et suspicion, s'est rapidement emparé de moi. En effet, ces indigènes sortis de leur monde ne me semblaient pas heureux, malgré tout ce que dit le guide de l'exposition. Tu as dû remarquer toi aussi que tous vaquaient aux occupations qu'ils étaient sensés nous présenter avec entrain mais, en fait, ils semblaient fatigués ; ils gardaient les yeux baissés, ne souriaient guère, et n'échangeaient pas un mot. J'eus l'impression d'être au cinéma-muet mais sans l'esprit ni les rires ! Mon malaise s'est accru quand Robert nous dit, en sortant, d'une voix bien triste, que la vie en Afrique, et au Dahomey en particulier, était fort différente de ce qu'on suggérait. Cette présentation très superficielle des cultures africaines avait totalement gommé le côté négatif de la colonisation ! Je dois avouer que je partage maintenant son point de vue. Qu'en penses-tu, toi qui as connu tous ces pays et vécu à la Havane pendant quelques années ?

Jacqueline, elle, a beaucoup apprécié l'événement et n'arrêtait pas de poser des questions auxquelles je n'étais guère à même de répondre. Elle dût se contenter des réponses quelque peu

sarcastiques de Robert. Je ne sais si elle a vraiment tiré profit de cette visite, mais j'espère qu'elle cultivera cette curiosité bouillonnante qui la rend si attachante ; et qu'elle saura garder un esprit ouvert.

Du bon côté des choses, sais-tu que le beau bâtiment d'Albert Laprade, Porte Dorée, deviendra un musée permanent. On en attend l'inauguration début novembre à la clôture de l'exposition. Il abritera les œuvres d'art primitif les plus remarquables, rassemblées au cours de nos conquêtes. Un « temple » à la gloire des peuples qui forment aujourd'hui notre « Grande France » comme dirait Mr. le Ministre des Colonies ! On n'arrête pas le progrès ! Voilà, mon cher Auguste, mes pensées sur ce sujet. J'attends avec grande impatience de reparler de cette exposition avec toi, car tu as toujours une perception fort intéressante de ce genre d'événements.

J'aimerais savoir aussi ce qu'en a pensé ta jeune amie, afin de mieux la connaître, la comprendre ou plutôt, au fond, comprendre ta décision de lui consacrer ta vie...

Je dois dire que depuis votre séparation, Marie me manque beaucoup car nous partagions bien des choses : l'amour des arts et de la mode en particulier. J'appréciais aussi son esprit frondeur accompagné d'une empathie remarquable vis-à-vis des infortunés. Mais je comprends aussi que tu aies été séduit par une femme beaucoup plus jeune que toi : cela te permet de « rajeunir » (à 56 ans, qui n'aurait envie de cette chance ?). Je suppose aussi que la conquérir fut une sorte de défi. Penses-tu en faire ton épouse d'ici peu ?

Je vais arrêter ces questions indiscrètes et te laisser savourer ta nouvelle vie avec Madeleine, laquelle doit beaucoup apprécier la façon dont tu la gâtes !

A *très bientôt,*

Ta cousine bien trop curieuse, Clo

⤳

PARIS, LE 2 MARS 1932

Miss Jaco,[12]

Dis-moi, ce paysage ainsi pris, ne te fait-il pas croire qu'il se trouve fort loin de Paris ?

Cela nous montre combien le choix du photographe est essentiel concernant le point de vue, l'aspect sous lequel il considère la scène. Le faucheur au repos est à peine visible, et sa faux à lame blanche pourrait être l'aile d'un héron si l'on ne faisait pas attention au manche appuyé sur le tronc de l'arbre, lequel souligne la transparence et grandeur du lac du Bois de Boulogne.

Un beau travail donc et une photo ou plutôt une carte qui devrait faire plaisir à ma Jacqueline chérie.

Ta petite tante qui t'embrasse fort
CLOTILDE

⤳

Ma Chère Eugénie,

Il y a trop longtemps que je ne t'ai écrit. C'est donc de ma chambre d'hôtel à Blois que je brise ce silence qui n'a pas lieu d'être.

Mais avant de te donner de mes nouvelles, sache que j'ai appris avant-hier, de ta cousine Pauline, que ta jambe allait mieux et que tu comptais faire un petit voyage à Paris, dès qu'il te sera possible de monter et descendre les escaliers des gares et les marches traîtresses des trains. Je prie le Bon Dieu afin que tu te sentes assez vaillante pour passer quelques jours à Maisons-Lafitte : comme tu le sais, la maison n'a pas bougé ; je suis toujours à cinq minutes de la gare et il n'y a encore que quatre marches à monter pour entrer chez moi !

Je me trouve donc à Blois, à l'Hôtel de France, comme d'habitude. Que de souvenirs... Jacqueline s'émerveille de la clarté des chambres, des salles de bains, du beau salon tendu de velours. Moi, j'y revois surtout cette soirée mémorable dont nous attendions tant et qui a en effet bouleversé nos projets. Qu'auraient été nos vies si nous étions restées à l'écart et n'avions pas rejoint cette farandole endiablée ? Si tu n'avais pas été te placer entre ce grand et beau Jean Lacoste qui ne cessait de t'implorer des yeux et son persistant ami, Jean-Louis ? Pourquoi avons-nous cru qu'un peu de gentillesse ne pouvait porter à conséquence ? Comment pouvions-nous être si naïves ? Notre réserve retrouvée, comment n'avons-nous pas deviné que cette dernière ne ferait qu'aiguiser leur intérêt, leur appétit ? Faut-il regretter maintenant ta courte amourette et ma longue liaison, tes quelques soirées sans silence ni repos et les miennes si souvent solitaires ? Je me prends à imaginer un autre parcours, mais cela ne me mène pas bien loin, car le pourquoi de nos destins n'est pas de notre ressort.

Peu importe, je crois avoir trouvé une alternative à la

nostalgie : il m'appartient d'instruire Jacqueline des dangers que la vie ne manquera pas de mettre sur sa route. Sa mère s'y attelle aussi, mais il n'est pas trop de deux, voire de quatre pour protéger nos filles, comme tu l'as tant de fois si bien exprimé... Je dois dire que Jacqueline, du haut de ses dix-sept ans, nous écoute d'un air mi-sérieux-mi-rêveur mais elle n'en pense pas moins. Elle a assez d'imagination pour comprendre les dangers mais trop d'assurance pour en avoir peur. Tout comme nous, nous toutes ! Eternel retour des choses. Alors, faut-il tant s'inquiéter tout en baissant les bras ou partager avec elle nos espoirs sur fond de craintes ? Je m'efforce de lui présenter une vision positive de la vie en espérant ainsi l'intéresser. Je veux créer, en elle, des espoirs pour la motiver, mais nous croira-t-elle ? J'oscille sans cesse entre l'optimisme et l'appréhension.

Cependant nos petites rencontres à Blois me sont un vrai délice et je crois qu'elle aussi goûte la beauté des moments passés ensemble. L'élégance des lieux, la sérénité des bords de Loire, la gourmandise satisfaite grâce au pâtissier de la rue Denis Papin : tous ces plaisirs sont autant d'atouts dans mon jeu. Je voudrais tant qu'elle m'aime autant que je l'aime, mais je sais bien qu'il ne peut en être ainsi : elle a tous les charmes et moi bien peu. Et puis, elle a déjà une mère... Non, ce qu'il lui faudrait c'est son père. Monsieur Lejeune ne peut en rien se substituer à lui ! Pourtant Jacqueline ne parle jamais d'Edouard comme si elle l'avait complètement oublié ; elle ne semble pas du tout en être curieuse. Je lui parle de notre famille mais elle s'intéresse surtout aux grands-parents, à ceux qu'elle n'a jamais connus et qui, donc, ne lui manquent pas. Elle montre plus de curiosité concernant mon enfance, la vie à Paris avec ses peintres et les concerts. Nous parlons aussi beaucoup de mode et de couture. En somme, une conversation parfaitement naturelle avec une tante aux petits soins. Mais elle me semble souvent nonchalante. Au fond, elle sait être la princesse ; je ne suis qu'un de ses sujets. Pour garder ma place, je me dois de lui faire ma cour. C'est bien ainsi.

Voilà, ma chère Eugénie, les réflexions douces-amères que suscite mon petit séjour à Blois en compagnie de cette enfant trop aimée. Comme je comprends tes plaintes de mère si souvent frustrée par la distance affective que tes filles s'attachent à mettre entre vous pour montrer leur indépendance… Est-ce une nouvelle mode ? Nous étions si liées à nos mères, si conscientes de nos devoirs et de leurs besoins ? Les jupes courtes, les cheveux à la garçonne sont-ils autant de signes de ce changement fondamental ?

Je m'aperçois que cette lettre est pleine de questions ; je fais ainsi appel à ton esprit, ta science des êtres, lesquels me manquent terriblement. Alors, viens vite me rendre visite pour que nous reprenions nos conversations et que nous arrivions enfin à comprendre, et donc à accepter, nos frustrations, nos petits malheurs, mais aussi notre grande chance d'avoir près de nous ces êtres adorables et adorées !

Ta vieille Clotilde qui t'embrasse tendrement

PS : Pour illustrer mes pensées concernant ma nièce, je t'enverrai bientôt son portrait fait le mois dernier par le photographe qui la prit en photo il y a douze ans déjà !

⁂

PARIS, LE 15 MARS 1933

Ma Chère Angèle,

Je vous espère tous en bonne santé et impatients de faire un petit voyage vers Paris. J'ai grande hâte de vous y voir, car me voilà installée dans mon nouvel appartement dont voici l'adresse : 9, rue la Vieuville, Paris 18ème.

Comme vous le savez, je suis au 1er étage ; mes fenêtres ouvrent sur la rue. Une belle chambre, un grand salon et une cuisine minuscule me suffisent amplement. Le petit divan du salon peut facilement accueillir une personne ; Jacqueline pourrait donc rester chez moi quand vous vous rendrez chez les filles de M. Lejeune.

Le quartier est tranquille, et le métro est à deux pas, sur la Place des Abbesses. Cette station est la plus profonde de Paris comme vous le savez sûrement (puisqu'ouverte en 1912), mais il y a un ascenseur ; donc vous n'avez pas à vous inquiéter. S'il était hors service pour une raison quelconque, vous pourriez allez jusqu'à la station Pigalle et remonter à pied la rue Houdon ; ce n'est pas bien loin. D'autre part, il faut compter moins d'une heure pour venir chez moi de la Porte de Charenton. Inutile de vous dire combien j'apprécie notre métro et toutes ces lignes qui s'assemblent peu à peu !

Je suis encore tout étonnée de me retrouver dans un petit appartement parisien après ma vie "à la campagne". J'avais oublié les murs noirs et la poussière, le bruit constant des charrettes, les cris des vitriers et des petits poulbots ; c'est presque la rue de la Forge Royale, avec le bruit des scies et l'odeur du vernis en moins… La vie se déroule en spirale.

Le bon côté de tout cela c'est évidemment la proximité de mon travail : plus de risques de rater le train, plus de longues rues à parcourir sous la neige ou la pluie, plus de réprimandes pour des retards involontaires. Et les économies de transports sont substantielles – vous en savez quelque chose.

Pour ce qui est de la tombe, ma chère Angèle, ne vous inquiétez pas. Je m'y rends souvent et n'ai pas de difficultés à bien l'entretenir. Les petites primeroses, que vous aviez mises le mois dernier, sont en pleines fleurs et agrémentent joliment le pourtour de la dalle de marbre. Bientôt neuf ans déjà qu'Edouard nous a quittées. Je ne me fais toujours pas à son départ et ce retour sur Paris ne fait que raviver les souvenirs des années passées à ses côtés : je me sentais si proche de lui, c'était un frère si affectueux, si attentif. Je prie beaucoup pour lui, pour notre mère, et aussi pour mon père. A propos de ce dernier, malgré vos conseils et mes recherches, je ne sais toujours pas le lieu où il repose...

Mais pensons plutôt aux vivants, aux jeunes. Et permettez-moi de vous demander comment va ma chère petite nièce. Je n'ai pas reçu de ses nouvelles depuis deux semaines. Je l'imagine bien occupée par ses études : la date des examens n'étant pas bien éloignée ! Je pense beaucoup à elle et espère qu'elle réussira bien cette année encore.

> *Je vous embrasse toutes les deux, ainsi que votre*
> *Maman, très affectueusement,*
> Clo

༒

Ma Line chérie,

Je ne t'écrirai longuement qu'après tes épreuves, pour laisser ton attention toute entière sur tes révisions. Ecris-moi dès que tout cela sera passé.

Mais dis-toi bien que, chaque jour, depuis plus de deux mois, je t'envoie par la pensée un bon baiser... souvent plusieurs ! Et, ces jours-ci, sache qu'ils seront encore plus nombreux ! J'attends avec impatience de tes nouvelles – bonnes, rassurantes, et prie pour toi, pour ton succès !

Je t'enverrai la semaine prochaine le livre d'André Malraux, La Condition Humaine, qui a obtenu le prix Goncourt l'hiver dernier. Tu pourras le lire après ton examen. Il devrait t'inspirer. Je l'ai, pour ma part, beaucoup apprécié. Nous pourrons en discuter lors de ma visite fin août.

Embrasse bien ta maman et ta grand-maman pour moi.

Mille bons baisers et souhaits de ta petite tante qui t'aime,

CLOTILDE

۷۰

VENDREDI 29 SEPTEMBRE 1934

Ma Jacot chérie,

Je partage ta profonde déception et tes regrets, car tu avais tant travaillé pour obtenir ce brevet. Mais n'aie pas honte car ceux qui réussissent cet examen sont très peu nombreux ! De plus, malgré cette défaite, ta maman et moi admirons beaucoup tes efforts et ton courage. Ces qualités que tu as montrées restent en toi et tu sauras les utiliser quand ce sera nécessaire.

Il faut aussi considérer que tu n'as pas, jusqu'ici, beaucoup apprécié ton travail d'enseignante – suppléante dans ce village de Parçay-Meslay. Tu pourras maintenant travailler davantage et avec grand plaisir pour les photographes de Tours et sa région…

Sache aussi que tout destin est imprévisible et ce que nous espérons n'est pas souvent ce que nous recevons, mais cela nous rend plus fortes et plus déterminées : ta maman et moi avons connu des échecs et avons su en tirer partie. Puisque tu partages notre résilience, tu sauras aller de l'avant en attendant de « trouver l'homme de ta vie »…

J'espère que cette petite lettre te remontera un peu le moral, et je t'embrasse très fort.

Ta petite tante qui t'aime tant,

CLO

Ma très chère Amie,

Oui, mes lettres se font rares, et pourtant je ne cesse de penser à toi, à tous ceux qui t'entourent, à tous ces petits qui te donnent tant de joie. Alors pourquoi ne pas prendre ma plume plus souvent pour partager avec toi mes joies, mes pensées ? En y réfléchissant, j'y vois deux raisons fort différentes mais pas contradictoires.

La première repose sur cette invention magique, le téléphone. Tu sais le plaisir qu'il m'apporte chaque fois que j'entends ta voix, que je redécouvre la vivacité de nos échanges, la distance disparue. Quoique je ne puisse voir ton sourire affectueux, tes yeux pleins de malice, tes mains douces dans les miennes, tout cela ressurgit en moi pendant ces quelques minutes, grâce à ta voix… Cependant nos appels sont si courts, et nous avons tant à nous dire, qu'ils me laissent sur ma faim. Et bien, me diras-tu, voilà une bonne raison d'écrire ! Mais non, car la seconde raison de mes « silences » intervient. C'est une raison simple : je n'ai plus grand chose à dire, à partager ! Une vie routinière, des journées limitées à un travail peu exigeant, des échanges pleins de banalités avec mes collègues, une fatigue qui me prive de sorties dans le Paris des arts et de la musique. Ajoute à cela la disparition de ceux qui nous ont tant donné : amis, parents, cousins… Et bien sûr la distance qui me sépare de toi, de Jacqueline et d'Auguste. De plus, je ne vois pas même ceux qui habitent Paris car, le soir, je suis trop lasse pour sortir de mon nid !

Cette « raison » est en fait un état d'âme qui repose sur une absence d'enthousiasme et le sentiment d'être parvenue à ce stade de la vie où il n'y a plus de place pour des projets engageants et où le passé « chasse » l'avenir.

Voilà mon amie mes explications peu amènes en ce qui concerne mon état d'esprit. Mais ne pleure pas sur mon sort, car je vis aussi de très bons moments ! Tes lettres, tes appels (téléphoniques), ta profonde amitié m'en apportent beaucoup ! Et puis il y a Jacqueline, ses missives et ses petites visites ! Enfin il y a encore et toujours ma harpe qui me calme et me rassure chaque soir malgré la fatigue de mes doigts et de mes poignets ; une fatigue due à cette machine à écrire qui m'accapare à longueur de journée…

En relisant cette lettre, quelque peu attristante, je me demande s'il ne vaudrait pas mieux la mettre à la corbeille (pour utiliser le langage des bureaux). Mais, en fait, je me dois de te l'envoyer puisque notre promesse, si souvent renouvelée, est de tout partager. De plus, je me sens maintenant plus légère et toute prête à « sortir de mon trou » !

Merci, merci mon amie de m'avoir donné, encore une fois, la chance de m'ouvrir à toi et de me soulager d'un poids.

Ta Clo qui t'embrasse tendrement et attend avec impatience notre prochain « coup de fil »

(Cette expression m'amuse beaucoup, moi qui ai tiré des fils toute ma vie sans en recevoir un seul coup !)

BLOIS, LE 9 JUILLET 1937

Ma chère Eugénie,

Ta lettre, reçue le 2, m'a fait beaucoup rire – et je me réjouis que ton Pierre ait gardé tant d'esprit malgré son âge ! Oui, savoir faire rire est un bien, une qualité que nous nous devons d'entretenir et même de révérer ! Rire est un des rares grands plaisirs que la vieillesse ne nous vole pas. De plus, les petites histoires drôles sont utiles pour capter et retenir l'attention des jeunes qui nous entourent, surtout si nous n'avons pas d'autres moyens susceptibles d'attirer cette attention… Donc, mon amie, dis à ton cher époux que rien ne saurait me faire plus plaisir que ses jeux de mots et ses remarques désopilantes !

Venons-en à tes questions concernant le mariage de Jacqueline.

En premier lieu, oui, tu as raison, ils se sont fiancés en décembre, peu de temps après leur première rencontre – tout comme toi ! D'autre part, Jean n'est pas tout à fait le premier « amour » de Jacqueline : elle s'était éprise il y a trois ou quatre ans d'un jeune voisin, instituteur, qui avait semblé très intéressé. Mais l'an dernier, ce dernier épousa « par devoir » une autre jeune fille, elle aussi, ancienne élève de l'Ecole Supérieure de Tours. Jacqueline fut très déçue, mais se garda bien d'en parler. Faut-il y voir de l'orgueil ou du bon sens ? Les deux peut-être.

Voici maintenant un rapport succinct du mariage, lequel se passa merveilleusement bien.

J'ai le plaisir de te joindre la photo prise par l'excellent photographe de Tours pour lequel Jacqueline fait des retouches depuis quatre ou cinq ans. Elle n'aura pas à en faire cette fois-ci, tant leur couple était parfait et d'une élégance comme on en voit peu en campagne.

Jean est un jeune homme tout à fait charmant qui vient d'une famille simple mais chaleureuse, comme savent l'être les Tourangeaux. Son père, qui travaille dans les assurances, fit un discours, à la fois intéressant et spirituel, qui montra une âme généreuse. Son oncle et témoin, Louis, fit montre d'un esprit de répartie qui a fait beaucoup rire la compagnie. Madame Goujon est très fière de son fils, et elle semble pleinement approuver son choix en se montrant très arrangeante envers sa jeune bru. Cependant c'est la sœur du marié, Simone Besnard qui, avec douceur et doigté, a su tirer Jacqueline de sa timidité pour qu'on lui donne la place qu'elle mérite dans cette nouvelle famille. Bref Angèle peut être rassurée et garder la tête haute : sa fille est « bien mariée » et heureuse.

La famille est allée jusqu'à la mairie de Rochecorbon en automobile. Il semble que tous les amis de Jean, étant commerçants, en possèdent une. Il y avait foule sur la Grand Place ! Le maire se montra très courtois et disert : il était évident qu'il tient notre jeune mariée en haute estime. La procession de la mairie jusqu'à l'église fut un spectacle bien charmant avec les deux petits enfants (neveu et nièce de Jean) jetant des pétales de roses sur la chaussée. Mon grand regret cependant : Edouard n'était pas là pour conduire sa fille à l'autel. Il aurait été si fier d'elle ! Dieu merci, Jacqueline n'a pas semblé attristée par cette absence ; le passé ne fait pas encore partie de ses préoccupations car il lui faut conquérir, façonner son avenir.

L'église était magnifiquement fleurie, la messe chantée

particulièrement belle : Mme Schmit et moi y avions mis du nôtre pour qu'il en soit ainsi. En effet, Angèle et Jacqueline se seraient contentées d'une bénédiction rapide, mais nous, nous voulions que tous les gens présents aient ainsi le temps d'être pénétrés par l'importance du moment. Nous avons réussi : cette belle messe chantée suscita beaucoup d'émotion.

Je crois bien que tous les habitants du bourg étaient à la sortie de l'église pour saluer les nouveaux époux et exprimer leur admiration. Il faut dire que Jacqueline, élue Reine de Mai ces deux dernières années, s'est fait une petite cour d'admirateurs parmi les Rochecorbonnais ; une sorte de revanche des choses si l'on considère le mépris qu'elle dit avoir essuyé dans sa petite enfance à Noizay et à Vernou.

Une belle réception suivit au restaurant de la Lanterne sur le quai de la Loire. Plats délicieux, grands vins dont quelques bouteilles de 1921 surprenants de douceur, et une pièce montée magnifique. On mange décidément très bien en Touraine. Au cours du diner, selon la coutume, chacun chanta ou raconta des anecdotes pour honorer les jeunes mariés. Le plus beau moment fut assurément la Fantaisie en B Mineur de Telemann jouée à la flute traversière par le cousin de Jean, René Bezault, premier prix de Rome… Je fus très surprise par l'intérêt qu'un tel morceau suscita parmi les convives qui comptaient pourtant peu de musiciens. Il faut dire que cette Fantaisie est pleine de verve et peut inspirer un public habitué aux gigues et autres musiques de la vieille tradition paysanne. Puis René joua une fantaisie de *Carmen* qui déchaina l'enthousiasme des invités lesquels se sont mis à chanter en chœur : Bizet aurait été ravi de voir son œuvre si appréciée !

Bien sûr la jeunesse a beaucoup dansé, au grand plaisir des vieux parents qui, assis tout autour de la salle, ne se lassaient pas de revivre leur propre jeunesse en les regardant, même si les danses ont bien changé !

Voici ma chronique terminée pour ce soir. J'espère que sa lecture t'a amusée. Je rentre sur Paris demain, et te donnerai des nouvelles de nos tourtereaux quand ils rentreront de leur voyage de noces. Ils ont opté pour un grand tour vers le Midi en passant par Genève, Nice, Toulon, puis la côte atlantique. Ils n'envisagent pas de passer par l'Artois, ce sera pour un autre voyage, m'a dit ma nièce.

Prends bien soin de toi et de ton Pierre, ma chère amie.

Je t'embrasse bien fort,

CLO

PARIS, LE 16 NOVEMBRE 1938

Ma très Chère,

Je profite de l'heure du déjeuner pour partager avec toi une grande nouvelle : Jacqueline a donné naissance le 31 octobre à une adorable petite fille, prénommée Janie Claude Juliette. Celle-ci est née chez ses grands-parents à Château-Renault car Jean et Jacqueline étaient descendus en Touraine pour assister au mariage d'une cousine de Jean. Cette arrivée était un peu inattendue, car, selon les médecins, l'enfant devait naître une dizaine de jours plus tard. Mais l'accouchement s'est bien passé et la petite famille put rentrer sur Paris sans difficulté dès le 11.

Je suis si heureuse d'être une grand-tante à défaut d'être grand-mère ! Tu comprends mon enthousiasme, toi qui as déjà vécu deux fois un tel bonheur.

Je m'inquiète cependant pour Jacqueline car elle a déjà repris son travail au bar et en cuisine ; une lourde tâche, bien que Jean ait eu la bonne idée d'engager une jeune voisine pour aider à la cuisine et s'occuper du bébé. Cette jeune fille est pleine de bonne volonté et soucieuse de plaire à Jacqueline qu'elle considère un peu comme un modèle. Il se pourrait aussi que Madame Schmit, la grand-mère dont je t'ai souvent parlé, monte sur Paris pour aider notre petite famille, maintenant qu'Angèle et son compagnon ont quitté la Touraine pour s'installer dans le Loiret, à Montargis – moins éloigné de Paris où tous leurs enfants demeurent.

J'espère pouvoir t'envoyer une photographie de ma nièce et sa petite dès que possible. Entre temps, profite pleinement de tes enfants et de leurs adorables familles. Oh, mon Eugénie, penser à toi, à tes filles, à Jacqueline, et maintenant à cette petite Janie, me rassure et éloigne les réflexions par trop tristes que suscitent les articles qui paraissent dans les journaux – ces incendies de Marseille et ces massacres et destructions partout en Allemagne. Nous avons tant de chance de ne pas être confrontées à tout cela et de pouvoir compter sur ces jeunes êtres qui nous aiment et nous donnent tant de joie !

Je vais te laisser pour reprendre mon travail, mais tu restes très présente dans mes pensées, en attendant votre venue dans quelques semaines.

> *Ton amie qui t'embrasse très fort,*
> CLO

☙❧

Ma chère Angèle,

C'est le cœur bien gros que je vous adresse cette petite lettre, en fait une sorte de faire-part. Oui, hélas, notre Auguste s'est éteint lundi soir des suites d'une blessure survenue le 15 courant, en réparant sa voiture. La plaie, très profonde, s'infecta si rapidement que rien ne put le sauver.

Nous avions fêté ses 66 ans il y a tout juste trois semaines. Je ne peux pas me faire à l'idée de son départ. Il était en fait le petit frère, devenu grand, sur lequel je pouvais compter quoiqu'il arrivât, et ce même avant de perdre Edouard ! Je le pensais invincible car, prêt à faire face à tout, il était capable de trouver des solutions inattendues en toutes circonstances...

Sa jeune épouse, Madeleine, est bien sûr à l'abri du besoin, du moins pour l'instant. Mais en ces temps de guerre, rien n'est sûr. Espérons qu'elle saura, comme vous, faire face à cette terrible perte avec courage et détermination. De plus, ce qui m'attriste profondément c'est qu'il laisse un gamin de dix ans qui ne pourra pas bénéficier des dons de son père : son intelligence, son esprit, sa générosité. Oui, il est bien difficile d'accepter ce départ si inattendu. Mais il faut se dire qu'il mena une vie des plus intéressantes et sut servir les siens avec dévouement.

Je veux croire aussi qu'il a trouvé la paix et même la félicité en cet au-delà qui nous attend et dont il parlait avec beaucoup d'humour depuis le décès de sa maman, il y a maintenant 20 ans ! Les voilà réunis, eux aussi, et pas seulement dans cette tombe du cimetière de Montrouge que vous connaissez bien.

Malgré ma peine, je pense beaucoup à vous et espère que vous vous portez bien tous les trois, à Montargis, en dépit des bombardements et de la cherté de la vie – dans tous les sens du terme ! Jacqueline me donne de vos nouvelles chaque semaine lorsqu'elle m'apporte des vivres bien nécessaires : ce que j'apprécie beaucoup, d'autant qu'elle vient accompagnée de vos adorables petites-filles. Je profite de leur charme, de leur gentillesse, et peux ainsi oublier, un instant, ces moments si difficiles de la vie. Rien ne saurait minimiser le plaisir que j'ai à partager ces moments avec elles !

Comme vous le savez sûrement, à cause d'un œdème persistant, ma santé se fait précaire. Mais je prie chaque jour dans l'espoir de vous revoir à Paris dans un avenir proche malgré l'occupation

Bien affectueusement,
CLOTILDE

PARIS, LE 16 JANVIER 1942

Mon bien cher Ami, *(Louis Renault)*

Pardonnez ce long silence dû au fait que j'avais peu à vous dire en dehors de mon admiration pour votre travail acharné et votre vigilance. Nous traversons de nouveau des temps bien incertains et trop souvent terrifiants. Je ne sais pas comment vous pouvez aller de l'avant sachant que chacune de vos décisions peut entraîner une catastrophe, non seulement pour vous et vos proches mais pour tous vos employés et la nation toute entière. Je vous plains donc tout autant que je vous admire.

Mais tout cela vous le savez. Si je vous écris aujourd'hui, ce n'est pas que j'attende une réponse de vous, c'est une façon de me sentir moins seule. Une crise d'hydropisie me fait cruellement souffrir et me prive de toute sortie. De plus, je ne sais trop vers qui me tourner pour trouver un peu de soutien moral. Ma petite Jacqueline est terriblement prise par son travail – Jean ayant été requis – et ses deux petites filles, sans parler des soucis constants de ravitaillement. Ma belle-sœur et mes cousins d'Argis sont bien trop loin pour me rendre visite plus d'une fois par an. Et depuis qu'Auguste nous a quittés sa seconde femme ne montre pas beaucoup d'intérêt pour notre famille... Bref, je suis ici entre mes quatre murs et compte sur notre amitié pour me tenir encore un peu compagnie.

Je repense à notre jeunesse, nos découvertes, nos folies, et je ris, heureuse. Tous ces souvenirs me réchauffent le cœur et, pour quelques instants, j'oublie comme ce dernier peine à battre régulièrement. Le bruit des pas de la patrouille allemande sous ma fenêtre ramène à moi cette image de vous, tout fringuant dans votre uniforme du 2 août 1914... Je vous revois plissant les yeux, l'index levé comme pour nous dire que vous trouverez bien une façon de rencontrer et combattre l'ennemi sur votre terrain. Pour vous, tout problème avait une solution, toute crise n'était qu'une occasion d'aller plus avant. D'où vous venait cette force inestimable qui a fait tant de jaloux ?

Cette force, à laquelle je viens encore me réchauffer, est cependant la source de mon seul regret. Oui, aujourd'hui je peux vous l'avouer : j'aurais tant aimé une fois, une toute petite fois vous être utile, être celle dont vous auriez eu besoin ! Vous, plus que tout autre, parce que j'ai toujours eu pour vous la plus profonde affection, malgré nos différends. Dois-je dire que Dieu le voulut ainsi ? Peu importe. Sachez cependant que vous écrire me redonne la force nécessaire pour affronter demain, si tel est mon destin.

Je vous remercie d'avoir été un ami si fidèle, et vous embrasse avec toute la tendresse que ni la « distance » ni l'âge n'ont su étouffer.

VOTRE ET TOUJOURS CLOTILDE

PS : pardonnez ma mauvaise écriture, mes mains enflées ont du mal à tenir ce beau stylo Waterman que vous m'avez donné pour mon anniversaire ; près de vingt ans déjà... Vous en souvenez-vous ?

VENDREDI 23 JANVIER 1942

Mon Eugénie,

Je sais que cette lettre ne te parviendra pas, mais elle rejoindra les quelques brouillons gardés précieusement dans mes cahiers, selon les conseils de sœur Thérèse, « afin de mesurer nos progrès d'épistolières ». Ils me rappellent tous ces évènements que nous avons vécus et ces sentiments éprouvés au cours de nos nombreuses années d'amitié. Ce sont, en quelque sorte, des brides qui nous relient à notre passé, à notre existence. Une vraie source de réflexion, là aussi.

Mais cette lettre, la dernière sans doute, que veut-elle te dire ? Simplement, que j'ai besoin de partager avec toi, avec ton âme qui est là perchée sur mon épaule tel un oiseau rieur, ces pensées qui m'occupent depuis des mois. Des pensées plutôt agréables, car je m'estime très chanceuse, pour bien des raisons. En effet, je fus tant aimée ! Je pus compter sur le soutien infaillible de ma famille, de mes amis, dont tu étais le porte-drapeau.

De plus, j'eus la chance de pouvoir apprécier la beauté qui nous entoure, nous abreuve, nous réconcilie. Grâce à cette beauté, aux formes multiples, ma longue vie fut remplie de découvertes passionnantes, de moments précieux, exaltants. Je veux croire aussi que mes activités artistiques et autres ont été utiles et même estimées par ceux avec qui je les ai partagées. Par ailleurs, je savoure le grand plaisir d'avoir pu passer à Jacqueline mon amour du dessin, des couleurs, des tissus – sinon de la musique. Je pense aussi avoir renforcé son indépendance d'esprit, sa détermination ainsi que son respect des autres et sa compassion envers ceux qui souffrent. Ainsi ma raison d'être (quoique célibataire et sans enfant) ne se pose plus.

Ces pensées ne sont pas si différentes de celles que tu pus exprimer avant de nous quitter. Ta Simone avoue trouver une vraie consolation chaque fois qu'elle évoque vos derniers échanges. Mes réflexions auront-elles ce pouvoir bénéfique ? J'en doute un peu, car je n'ai pas souvent l'occasion de les partager, comme tu le sais ! La visite hebdomadaire de Jacqueline ne se prête pas à des « discussions philosophiques », car elle vient accompagnée de ses adorables gamines. Angèle est bien loin et Madeleine se terre à Senlis, depuis le décès de notre Auguste ; donc nous n'avons guère de contacts. Enfin, mes problèmes de santé s'accentuant, je dus me mettre en congé la semaine dernière : d'où ce silence, cette solitude. Une solitude qui mène à la réflexion et au plaisir de t'écrire malgré des doigts rétifs.

Que te dire de cette santé défaillante ? Cet œdème qui se généralise, me mènera sans doute à l'hôpital d'ici quelques jours, selon mon médecin. Je préfèrerais rester chez moi car il est clair que je n'irai pas au delà de ce triste hiver. Mais peu importe car mon départ ne sera pas un grand malheur pour qui que ce soit. Par ces temps désolants, tant d'êtres souffrent au-delà de ce que nous pouvons imaginer ! Non, mes petits ennuis ne se comparent pas à la souffrance qui ravage notre pays. J'ajouterai que mourir, à mon âge, ne m'effraie pas : si ce corps fatigué veut trouver le repos, il faut le lui permettre.

De plus, comme tu le sais, mourir n'est pas disparaître, c'est se lancer dans une aventure dont nous ignorons tout. Ce départ, c'est le début d'autre chose, une découverte faite de rencontres et de retrouvailles ! Ce n'est ni la fin ni le néant, c'est l'apothéose ; c'est tout simplement ce qu'on appelle le paradis ! C'est là où je retrouverai tous ceux qui me manquent tant, toi en particulier !

Il est bien dommage qu'en ce monde où la peur règne, où la compassion et le pardon semblent inaccessibles, si peu de gens acceptent l'idée d'un au-delà, d'une vie après la vie... Je prie pour qu'autour de moi chacun retrouve cette foi apaisante, source de bien-être, de félicité.

Voilà, mon amie ! T'écrire tout cela m'a fait grand bien. Je vais aussi caresser ma harpe qui s'ennuie, seule dans son coin, depuis deux bonnes semaines...

J'attends avec impatience de te revoir – en compagnie de

notre Emma Calvé qui quitta cette terre il y a maintenant près de deux semaines, selon *Le Petit Parisien,* mais dont la voix chante encore à mes oreilles, ce qui me fait le plus grand bien !

Ta Clotilde, apaisée grâce à toi…

C LOTILDE mourut à l'hôpital de Vaugirard, le 13 février 1942, dix jours après son arrivée. Elle eut le bonheur de revoir Louis et Jacqueline avant de tomber dans un sommeil comateux le 6 au soir. Elle repose au cimetière de Bercy, ainsi qu'elle l'avait annoncé dès 1917, auprès de sa mère et de son frère. Elle reçoit la visite de ses petites-nièces chaque printemps depuis ces cinquante dernières années, et s'en réjouit – au dire des merles qui nichent dans l'arbre ombrageant la tombe, et qui picorent dans la corbeille de pétunias fleurissant fidèlement sur la dalle de marbre.

Remarques

¹ Lieu de l'appartement des Mesureur où eu lieu le petit concert en question.

² Fait référence à la fable de Florian sur le singe qui n'allume pas sa lanterne, à l'origine de l'expression française : « éclairer ta lanterne ».

³ Le certificat obligatoire pour conduire des véhicules à moteur, avant la création du « permis de conduire » en 1922.

⁴ Charlus : chanteur français dont la chanson « Le chauffeur d'automobile » eut un grand succès et fut souvent chantée entre 1899 et 1920. Cependant les mots d'argot et la mention de certaines parties du corps rendaient cette chanson inacceptable et embarrassante pour les dames et les jeunes filles de bonnes familles.

⁵ La rue dans l'Ouest de Paris où habitent les Boucher d'Argis, les cousins de Clotilde.

⁶ Julie D'Aiglemont est l'héroïne du roman de Balzac *La Femme de Trente Ans*.

⁷ Compagnie du chemin de fer métropolitain de Paris, qui deviendra la RATP en 1948.

⁸ Auguste travaillait pour les services secrets de l'armée française à Londres.

⁹ Surnom donné à un canon très puissant produit en Allemagne pour détruire les fortifications protégeant la frontière française en 1918. Il vient du prénom de la fille du patron de la compagnie Krup, Bertha.

¹⁰ Enfant dont le père, militaire ou policier, est décédé durant sa carrière professionnelle.

¹¹ Le Brevet élémentaire était obtenu après avoir passé l'examen à la fin de la 4ème de collège. Il était exigé pour pouvoir entrer à l'Ecole supérieure où l'on poursuivait deux années d'études pour obtenir un diplôme d'enseignant à l'école primaire.

¹² Clotilde prend plaisir à employer « Miss » plutôt que « Mademoiselle » pour rappeler à Jacqueline que parler anglais est à la mode parmi les femmes éduquées.

Personnalités et compagnies citées dans les Lettres

Aubert, Louis (1877–1968) : chanteur, compositeur, soliste dans le chœur de l'église de La Madeleine.

Auclert, Hubertine (1848–1914) : journaliste, écrivaine, suffragette, combattante acharnée pour le droit des femmes.

Bataille, Compagnie : fabricant de tissus, connu pour ses cotons élégamment colorés.

Bernhardt, Sarah (1844–1923) : artiste, comédienne, femme d'affaires qui ouvrit son propre théâtre à Paris, place du Chatelet.

Bizet, Georges (1838–1875) : pianiste, compositeur français d'opéras dont *Carmen, Les Pêcheurs de Perles, La Symphonie en ut majeur.*

Blanchet, Maison – grossiste en tissus, situé à Argenteuil dans la banlieue parisienne.

Bonnard, Pierre (1867–1947) : artiste peintre, illustrateur, graveur et sculpteur français ; un des fondateurs du mouvement Nabi, il participa chaque année au Salon des Indépendants.

Boucher d'Argis, Jules Gaspard, Comte de Guillerville (1814–1882) : chef d'escadrons de cuirassiers, écrivain, conférencier à l'académie de Caen. Epoux de Caroline Guyot, père de Alphonse, Jules, Henri, et Paul-Louis ; grand-oncle de Clotilde.

Calvé, Emma (1858–1942) : cantatrice, soprano de grande réputation, qui chanta à l'Opéra Comique, à la Scala de Milan, au Royal Opera House de Londres, au Métropolitain Opera de New York, entre autres.

Carnot, Sadi (1837–1894) : homme d'Etat, Président de la République, assassiné en 1894.

Caron, Rose (1857–1930) : cantatrice, soprano et professeur de chant ; réputée pour son interprétation des opéras de Wagner, Reyer, Verdi et Gluck, entre autres.

Chambefort, Maria, épouse Chanteloube (1840–1893) : portraitiste, spécialiste de daguerréotypes, à Roanne où elle ouvrit le premier studio de photographie.

Charlus : nom de scène de Louis Napoléon Defer (1860–1951) : chanteur français très populaire.

Cheret, Jules (1836–1932) : peintre et lithographe dont les affiches renommées influencèrent les artistes tels que Seurat et Bonnard, et stimula le développement de la publicité.

Clovis, roi des Francs (466–511) : il se convertit au christianisme en 496, influencé par son épouse, la reine Clotilde.

Couesnon, Maison : fabricant d'instruments de musique, très célèbre entre 1882 et1960.

Crawford, Francis Marion (1854–1909) : écrivain américain qui naquit et vécut 30 ans en Italie. Il publia de nombreux romans, des nouvelles et des pièces de théâtre qui eurent beaucoup de succès, dont *Francesca da Rimini* en 1902.

Dellaleau, Ernest (1827–1864) : peintre du Pas-de-Calais, second mari d'Emilie Guyot, la grand-tante de Clotilde.

Durand, Marguerite (1864–1936) : actrice, journaliste et suffragette, elle fonda le journal *La Fronde* après avoir travaillé pour *Le Figaro*. Elle joua un rôle important dans la défense du droit des femmes, notamment le droit de vote.

Enfantin, Prosper (1796–1864) : polytechnicien, socialiste, philanthrope, entrepreneur.

Fauré, Gabriel (1848–1924) : organiste, compositeur, Maître de Chapelle à l'église de la Madeleine, et directeur du Conservatoire de Paris.

Florian, Jean-Pierre Claris de (1755–1794) : poète, écrivain, fablier ; membre de l'Académie française.

Fourier, Charles (1772–1837) : philosophe, fondateur du mouvement fouriériste.

Furnion, Maison : compagnie de soyeux lyonnais réputée qui fournissait ses tissus aux grands couturiers parisiens.

Gérôme, Jean-Léon (1824–1904) : artiste peintre, président de l'Académie des Beaux-Arts en 1895.

Gouges, Olympe de, pseudonyme de Marie Aubry née Gouze (1748–1793): femme du monde, écrivaine très engagée dans la lute pour le droit des femmes et contre l'esclavage. Son opposition à la violence des révolutionnaires montagnards la mena à l'échafaud.

Gounod, Charles (1818–1893) : pianiste, maitre de Chapelle, compositeur de musique sacrée, d'opéras et du *Requiem en do majeur.*

Grasset, Eugène (1845–1917) : dessinateur, décorateur, graveur, d'origine suisse, qui joua un rôle important dans le mouvement de l'Art Nouveau.

Gréville, Henry (1842–1902) : nom de plume de l'écrivaine Alice Marie Céleste Fleury épouse Durand. Auteure prolifique dont les œuvres paraissent dans la *Revue des Deux Mondes, Le Figaro, la Nouvelle Revue, le Journal des Débats,* etc. avec un succès considérable.

Laberte, Maison : fabrique de violons fondée vers 1780 à Mirécourt (dept. des Vosges). Les violons de ces luthiers eurent une excellente réputation vu leur qualité et leurs prix abordables, entre 1880 et 1940.

Lameire, Charles Joseph (1873–1956) : peintre dont les œuvres décorent plusieurs églises de Paris.

Launey, Charles de, nom de plume de Delphine de Girardin née Gay (1804–1855) : écrivaine, essayiste, dramaturge et poète qui publia entre autres des chroniques dans le journal *La Presse,* sur l'histoire de Paris. Son salon fut fréquenté par les écrivains les plus en vue dont Balzac, Gauthier, Musset, Hugo, Dumas et George Sand.

Leghait, Louise, née Reynders (1821–1874) : photographe belge renommée ; première femme membre de la Société française de photographie.

Léo, André, nom de plume de Victoire Léodile Béra (1824–1900) : romancière, journaliste engagée dans la lute pour le droit et l'éducation des femmes et des travailleurs. Socialiste, elle supporta activement la séparation de l'Église et de l'Etat laquelle aura lieu en 1905.

Léon, Pauline, épouse Leclerc (1768–1838) : fondatrice de la Société des citoyenne républicaines révolutionnaires en 1793, elle se bat pour obtenir du gouvernement un rôle plus actif pour les femmes, mais on la considère comme trop gauchiste. Elle retourne alors à son travail de chocolatière à Paris puis en Vendée pour survivre.

Le Soufaché, Joseph-Michel (1804–1887) : architecte ; il aménagea le château de Versailles.

Lesueur, Daniel, nom de plume de Jeanne Loiseau (1854–1921) : poète, écrivaine, traductrice, dramaturge, critique littéraire pour plusieurs journaux, journaliste pour *La Fronde et Femina*.

Mesureur, Gustave (1847–1925) : homme politique, ministre du Commerce en 1895. Son épouse, Amélie, née Wailly (1853–1926) fut écrivaine et poète. Leur fille, Suzanne (1882–1927) fut une excellente violoniste puis une compositrice de renom.

Michel, Louise (1830–1905) : institutrice, conférencière, journaliste, militante anarchiste qui consacra sa vie à la défense du droit des femmes, les travailleuses en particulier. Elle participa à la Commune de Paris en 1871 et fut déportée pendant 9 ans à Nouméa. Elle poursuivit son militantisme libertaire jusqu'à sa mort.

Montagne, Pierre de la (1832–1895) : entrepreneur, constructeur de grands bâtiments à Paris.

Mucha, Alphonse (1860–1939) : peintre, illustrateur, décorateur tchèque qui vécut 20 ans à Paris. Il travailla entre autres pour les éditions Armand Collin et pour Sarah Bernhardt dont il dessina les affiches du théâtre.

Nadar, Ernestine, née Lefèvre (1836–1909) : modèle et photographe, épouse et associée de Félix Tournachon dit Nadar.

Parrot, Philippe (1831–1894) : peintre originaire de Périgueux, dont les portraits remarquables en firent un des grands artistes de son temps.

Phillips, Stephen (1864–1915) : poète et dramaturge anglais dont les œuvres eurent beaucoup de succès, notamment *Paolo and Francesca* en 1900.

Pisan, Christine de (1364–1431) : femme de lettres née à Venise, qui sut vivre de sa plume à l'époque médiévale. Elle défendit ardemment le droit des femmes et le besoin d'éduquer les jeunes-filles. Ses talents lui apportèrent le support de nombreux penseurs ainsi que celui du roi Charles V.

Pissarro, Camille (1830–1903) : peintre impressionniste franco-danois, élève de Courbet et Corot. Ami de Seurat et Signac, il guida et inspira Renoir ainsi que les artistes post impressionnistes Cézanne, Gauguin et van Gogh.

Renault, Alfred (1928–1892) : drapier, époux de Berthe (1842–1917) ; père de Fernand (1865–1909), Marcel (1872–1903) et Louis (1877–1942), lesquels fondèrent l'usine d'automobile portant leur nom. Les Renault étaient voisins et amis des cousins de Clotilde, les Boucher d'Argis de Guillerville.

Roger et Gallet : fondateurs de la société de parfum du même nom, en 1862.

Rouyer, Louis (1819–1905) : artiste peintre et professeur d'art, ami d'Ernest Dellaleau, époux d'Emilie Guyot ; grand-oncle de Clotilde.

Saint-Saëns, Camille (1835–1921) : musicien, organiste, compositeur français.

Saint-Simon, Henri de (1720–1825) : philosophe, écrivain, fondateur de l'idéologie socialiste.

Sand, George (1804–1876) : née Armantine Aurore Dupin, épouse de Casimir Dudevant. Femme de lettres prolifique qui marqua profondément son époque, sur le plan politique, littéraire et social notamment dans la défense des droits des femmes.

Scudéry, Madeleine (1607–1701) : femme de lettres, créatrice du «roman à clé», qui impressionna ses contemporains. Elle accueillit les grands penseurs et écrivains de son temps dont son salon littéraire : La Rochefoucault, Mme de Sévignée, Mme de La Fayette, entre autres

Sévignée, Madame de (1626–1690) : auteure des *Lettres*, qui décrivent la vie de l'aristocratie française de l'époque. Considérées comme essentielles à la compréhension de la culture française, *les Lettres* sont enseignées dans toutes les écoles secondaires depuis 1881.

Singer, Isaac (1811–1875) : constructeur américain de machines à coudre.

Stern, Daniel, nom de plume de Marie d'Agoult née Marie Catherine de Flavigny (1805–1876) : écrivaine, essayiste. Quoique appartenant à la petite noblesse française, elle accueillit dans son salon de nombreux républicains.

Telemann, Georg Philipp (1681–1767) : Compositeur allemand et Maitre de Chapelle.

Thomas, Ambroise (1811–1896) : Organiste, compositeur, président du Conservatoire de Paris.

Tristan, Flora, épouse Chazal (1803–1844) : écrivaine, essayiste, militante socialiste, amie de Charles Fourier, elle proposa des moyens d'améliorer, de par le monde, la condition des femmes et des ouvrières en particulier.

Trouillet, Angelina (1831–1881) : photographe spécialisée dans les portraits d'enfants.

Van Hartmann, Karl Eduard (1842–1906) : écrivain et philosophe allemand, auteur de *Philosophie de l'Inconscient*.

Remerciements

JE NE saurais trop exprimer ma gratitude envers celles et ceux qui m'ont si généreusement soutenue au cours de cette longue et complexe entreprise. Je remercie en particulier Françoise Saunier et Alain Minczeles pour leurs suggestions, leur attentive lecture du texte, et les nombreuses corrections proposées; Jim, mon époux, pour sa participation à la traduction; Nancy Gil pour la version finale du texte en anglais ainsi que sa relecture méticuleuse des deux versions; et Miguel Gil pour son travail sur les photographies.

Je n'oublie pas non plus Mireille Miné, Erin et Coco Haenlin, Yvane Bouillard et Ken Larson pour leurs nombreux encouragements.

Un grand merci bien sûr à Anne Kilgore pour sa patience et la remarquable mise en page de ce livre.

www.ingramcontent.com/pod-product-compliance
Lightning Source LLC
Chambersburg PA
CBHW031254090426
42742CB00007B/446